Oliver Hardenberg | Imke Stotz | Ana Rodríguez

nach einer Idee von Maria Müller

Wir haben gute Gründe!

Illustrierte Geschichten für Pflegekinder, ihre Pflegeeltern und Fachkräfte

Mit umfangreichen Erläuterungen
aus der Praxis des Pflegekinderwesens

Oliver Hardenberg (Autor und Herausgeber)
ist Diplom-Psychologe. Er absolvierte eine Psychotherapieausbildung mit Approbation für Kinder, Jugendliche und Erwachsene, eine Weiterbildung zum Forensischen Psychologen und erhielt die Zertifizierung zum Supervisor.
1993 gründete er in Münster eine Fachpraxis für Psychotherapie und forensische Psychologie, 2018 das Institut für Adoptiv- und Pflegefamilien (IAP).
Oliver Hardenberg ist seit über 25 Jahren Fachreferent, Supervisor und Berater in der Jugendhilfe; zudem ist er Kuratoriumsmitglied der Stiftung zum Wohl des Pflegekindes in Holzminden. Im Laufe seines Berufslebens hat er fachpsychologische Untersuchungen im Rahmen der Jugendhilfe sowie Psychotherapie mit über 2.000 fremduntergebrachten Kindern und Jugendlichen zu Bindungsentwicklung, traumatischen Erfahrungen und psychischer Entwicklung durchgeführt.

Imke Stotz
(Autorin des Kinderbuchteils) ist Diplom Designerin und Kinderbuchautorin. Sie studierte Visuelle Kommunikation in Münster und arbeitet seitdem als Illustratorin, Autorin und Herausgeberin für verschiedene Verlage, unter anderem für dtv junior.
Sie hat zwei Töchter und lebt mit ihrer Familie in Münster.

Ana Rodríguez
(Illustrationen) ist Illustratorin. Sie absolvierte den Bachelor of Arts an der Fachhochschule Münster School of Design mit ihrem Buchprojekt „Sombras“ und arbeitet seitdem als Freelancerin im Bereich der Buchcover- und Editorialillustration und spezialisiert sich auf Character- und Grafikdesign.
Derzeit lebt sie in Madrid und absolviert dort den Studiengang Master of Arts.

Michael Greiwe
(Lektor und Coach) ist Diplom-Sozialpädagoge. Er ist Inhaber und Geschäftsführer der 1999 gegründeten Pädagogischen Dienste Ambulant GmbH in Rheine. Er war von 2009–2018 Geschäftsführer der Stiftung zum Wohl des Pflegekindes in Holzminden und ist heute neben o. g. Tätigkeiten als Referent für Jugendhilfe und Familienrecht sowie als familiengerichtlicher Sachverständiger tätig.

Oliver Hardenberg | Imke Stotz | Ana Rodríguez

nach einer Idee von Maria Müller

Wir haben gute Gründe!

Illustrierte Geschichten für Pflegekinder, ihre Pflegeeltern und Fachkräfte

Mit umfangreichen Erläuterungen aus der Praxis des Pflegekinderwesens

Schulz-Kirchner Verlag

Bibliografische Information der Deutschen Nationalbibliothek
Die Deutsche Nationalbibliothek verzeichnet diese Publikation in der Deutschen Nationalbibliografie; detaillierte bibliografische Daten sind im Internet über http://dnb.d-nb.de abrufbar.

4. Auflage 2025
3. Auflage 2023
2. Auflage 2022
1. Auflage 2021
ISBN 978-3-8248-1277-6

Mollweg 2, D-65510 Idstein
Vertretungsberechtigte Geschäftsführer: Dr. Ullrich Schulz-Kirchner, Martina Schulz-Kirchner
Fachlektorat: Michael Greiwe
Herstellung: Susanne Koch
Druck und Bindung: TZ – Verlag & Print GmbH, Bruchwiesenweg 19, 64380 Roßdorf
Printed in EU

Dieses Buch wurde gefördert und unterstützt durch die Stiftung zum Wohl des Pflegekindes

Stiftung
zum Wohl des Pflegekindes
www.Stiftung-Pflegekind.de

Die Stiftung zum Wohl des Pflegekindes
Eine gesunde körperliche und seelische Entwicklung der Kinder, die ihre Herkunftsfamilie verlassen müssen, ist nicht selbstverständlich gesichert. Pflegefamilien können entscheidend dazu beitragen, dass sich Pflegekinder zu eigenverantwortlichen und gemeinschaftsfähigen Persönlichkeiten entwickeln. Die Stiftung möchte mit ihrer Arbeit das öffentliche Interesse für Pflegekinder und ihre besondere Situation wecken.

Gründer der Stiftung sind Inge und Dr. Ulrich Stiebel (Vorstandsmitglieder), Holzminden. Die Stiftung wurde ins Leben gerufen, um uneingeschränkt die Interessen und Bedürfnisse der Pflegekinder in den Mittelpunkt aller Überlegungen und Aktivitäten zu stellen. Für das Kuratorium konnten renommierte Fachleute aus dem gesamten Bundesgebiet gewonnen werden, die die Arbeit der Stiftung beratend unterstützen.

Vorstandsvorsitzender ist Prof. Dr. Ludwig Salgo.
Kuratoriumsvorsitzende ist Prof. Dr. Maud Zitelmann.

Folgende Schwerpunkte hat sich die Stiftung gesetzt:

- Fortbildung und Erfahrungsaustausch aller am Pflegekinderwesen Beteiligten
- Förderung von Projekten, Veröffentlichungen, Forschung und Praxis, u. a. auch durch den Förderpreis der Stiftung
- Vermittlung der spezifischen Situation von Pflegekindern in Öffentlichkeit und Politik durch Publikationen und Tagungen

Ansprechen will die Stiftung alle, die sich in ihrem (Berufs-)Alltag mit dem Pflegekinderwesen befassen: Pflege- und Adoptiveltern, Jugendämter und Verbände, Berater und Therapeuten, Justiz und Wissenschaft, sowie Politik und Medien. Dabei wird die Stiftung von Fachleuten aus diesen unterschiedlichen Disziplinen unterstützt.

Stiftung zum Wohl des Pflegekindes
Lupinenweg 33, 37603 Holzminden
Tel. 05531/5155, Fax: 05531/6783
www.Stiftung-Pflegekind.de
Kontakt@Stiftung-Pflegekind.de

Leiterin der Geschäftsstelle: Andrea Stiebel
Verwaltung: Jolanthe Bytomski

Auf der Homepage **www.Stiftung-Pflegekind.de** finden Sie die Leitsätze der Stiftung, die aktuellen Seminarausschreibungen und weitere Publikationen.

Danksagungen

Wir bedanken uns herzlich bei Maria Müller!

Maria Müller war Diplom-Sozialpädagogin mit familientherapeutischer Ausbildung. Ihre Berufstätigkeit begann sie im Adoptions- und Pflegekinderdienst im Jugendamt der Stadt Hamm im Jahr 1997. Ihre Aufgabenbereiche waren die Adoptionsvermittlung, die konzeptionelle Weiterentwicklung der familiären Bereitschaftsbetreuung (FBB) sowie Auswahl und Schulung von Bewerbern als zukünftige Pflegeeltern, die Vermittlung von Pflegekindern und die Beratung und Begleitung von Pflegefamilien. In den letzten Jahren arbeitete sie in der Clearingstelle des Adoptions- und Pflegekinderdienstes im Jugendamt der Stadt Hamm.

Der Herausgeber dieses Buches lernte Maria Müller vor über 20 Jahren im Zuge verschiedener Kooperationen im Bereich der Arbeit mit Pflegefamilien kennen. Im Fokus der vielen folgenden kollegialen Beratungen von Pflegefamilien sowie gemeinsamen Fortbildungsveranstaltungen stand stets, wie Pflegekinder und ihre Pflegeeltern unterstützt werden können. Ein Schwerpunkt war es dabei, die Pflegekinder mit ihren Biografien und Verhaltensauffälligkeiten zu verstehen und anzunehmen.

Das Lebenswerk von Maria Müller ist beeindruckend: Sie hat zahlreichen Pflegekindern und -eltern äußerst engagiert und zuverlässig geholfen und ist leiblichen Eltern ebenso wertschätzend und unterstützend begegnet.

Neue Fachkräfte im Pflegekinderwesen hat sie gern für ihre Arbeit motiviert, gefördert und beraten. Maria Müller hat sowohl für Pflege- und Adoptiveltern als auch für Fachleute viele hilfreiche Seminare und Tagungen organisiert.

Sie wollte als Person nie im Mittelpunkt stehen, stand aber absolut im Mittelpunkt derer, denen sie mit Fachwissen, Erfahrung, Fairness, Offenheit und ehrlicher Anteilnahme half.

Maria Müller ist leider nach schwerer Erkrankung noch vor Erscheinen dieses Buches im August 2020 verstorben.

Auf ihre Initiative und nach ihrer Idee ist dieses Buch entstanden.

Wir danken dem Adoptions- und Pflegekinderdienst im Jugendamt der Stadt Hamm für die freundliche Unterstützung und Förderung.

Hamm: elephantastisch!

Jugendamt
Adoptions- und Pflegekinderdienst

Inhalt

Einleitung

Die illustrierten Geschichten

Hilfen für Pflegeeltern und Fachkräfte

Aus Gründen der leichteren Lesbarkeit wurde die männliche Sprachform verwendet. Dies bedeutet jedoch keine Benachteiligung des weiblichen/dritten Geschlechts, sondern soll im Sinne der sprachlichen Vereinfachung als geschlechtsneutral zu verstehen sein.

Einleitung

Wie können Pflegefamilien die Geschichten nutzen?

Die zehn illustrierten Geschichten dieses Buches handeln von Kindern, die zu ihrem Schutz dauerhaft in einer Pflegefamilie untergebracht werden mussten, da sie in ihrer Herkunftsfamilie Vernachlässigung und Misshandlung erlebten. Die Folgen einer solchen Traumatisierung zeigen sich in dem neuen Zuhause häufig in Verhaltensauffälligkeiten und ungewöhnlichen emotionalen Reaktionen im Alltag, die die Erwachsenen oft nicht verstehen und von denen sie nicht wissen, wie sie angemessen darauf reagieren können.
In den unterschiedlichen Geschichten geht es darum, diese Verhaltensweisen anhand der Lebensgeschichten der Kinder zu erklären und aufzuzeigen, wie Pflegeeltern empathisch und hilfreich damit umgehen können. Ziel ist die Entwicklung eines Verständnisses und einer einfühlenden Haltung für ein Pflegekind mit traumatischen Erfahrungen.

In den illustrierten Geschichten[1] wird das **Konzept des guten Grundes** praktisch angewendet. Dabei bieten diese Geschichten Erklärungsvarianten[2], die aber nicht stringent oder gar wortwörtlich zu übernehmen sind, sondern vielmehr helfen, eine annehmende und verstehende Haltung in der Beziehung zu den betroffenen Kindern – je nach deren Biografie – zu entwickeln.
Das gemeinsame Lesen der Geschichten ist für Pflegekinder gedacht, deren Biografiearbeit schon so weit fortgeschritten ist, dass ihnen bereits in alters- und kindgerechter Form die Gründe der dauerhaften Unterbringung in der Pflegefamilie erklärt wurden[3]. Somit werden sie anhand der Geschichten nicht mit neuen Informationen überrascht oder gar emotional überfordert. Insofern können die Geschichten die Biografiearbeit mit dem Kind anschaulich in Details ergänzen, aber eben nicht ersetzen. Dementsprechend richten sich die Geschichten an ältere Pflegekinder, die schon etwas Abstand zu ihren Ängsten gewonnen haben und neue Erfahrungen machen konnten. Dass die Geschichten bei dem Kind Vergleiche mit der eigenen Geschichte oder Fragen zu ihr aufwerfen, ist beabsichtigt und stellt für Pflegeeltern eine Chance zum Gespräch über die Lebensgeschichte dar.
Naturgemäß sind in der Auseinandersetzung mit der eigenen schwierigen Lebensgeschichte auch Gefühle oder Bilder verbunden, die beim gemeinsamen Lesen förderlich aufgefangen und eingeordnet werden können. Dabei ist es empfehlenswert, eine zur Biografie des Kindes sowie zur aktuellen Situation in der Pflegefamilie passende Geschichte auszuwählen, in der Erlebnisse geschildert werden, die in der Lebensgeschichte des Pflegekindes gleich oder ähnlich passiert sind oder den beschriebenen Verhaltensauffälligkeiten entsprechen.
Hilfreich kann auch ein durch das gemeinsame Lesen der Geschichten entstehender Rückblick auf schon bewältigte traumabedingte Ängste des Kindes oder auf die Veränderung seines Verhaltens sein. So bietet sich die Möglichkeit, dass Pflegekind und Pflegeeltern das Erreichte in ihre Beziehung einordnen können. Dabei kann deutlich werden, welche traumatischen Ängste bereits überwunden und welche Auffälligkeiten schon abgeschwächt sind.
Nicht empfehlenswert ist es, das Pflegekind die Geschichten allein lesen zu lassen.
In Situationen, in denen ein guter und entspannter Zugang zum Kind gegeben ist, lassen sich Konflikte des Alltags in der Pflegefamilie im Zusammenhang mit Verhaltensauffälligkeiten mit der notwendigen emotionalen Distanz einerseits und der familiären Nähe durch wohlwollendes Verstehen andererseits hilfreich reflektieren. Demgemäß empfiehlt es sich nicht, die Geschichten in oder kurz nach Konflikten als Lösungsansatz einzusetzen.

1 Die illustrierten Geschichten dieses Buches handeln von typischen, aber erfundenen Ereignissen. Jede Ähnlichkeit mit realen Personen ist rein zufällig.
2 Die Geschichten erscheinen im Verlauf teils „idealtypisch". In der Praxis wiederholen sich die Verhaltensauffälligkeiten in verschiedenen Variationen und unterschiedlichen Emotionen. Generell sind bei Verhaltensauffälligkeiten mehrere Deutungen möglich. Nicht selten geht es um mehrjährige Prozesse der Gesundung.
3 Konzept der Biografieklärung (vgl. S. 45 im Buch)

Unserem Sohn Andrew gewidmet

(Jutta und Oliver Hardenberg)

Joel und der Schnuller

Joels leibliche Mama ist anders als andere Mamas.
Als sie noch ein kleines Kind war, bekam sie weder die Liebe noch die Wärme, die ein Kind braucht. Wie sollte Joels Mama lernen, wie schön es ist, mit einem Baby zu kuscheln, ohne es selbst erfahren zu haben? Und weil sie nie erfahren hat, wie sich eine gute Mutter verhält, weiß sie nicht wirklich wie das geht. Manchmal ist sie sehr traurig, manchmal ängstlich und manchmal sehr wütend.

Als Joel geboren wurde, konnte sie sich gar nicht freuen, denn eigentlich wollte sie gar keine Mama sein. Sie mochte ihn nicht gerne auf den Arm nehmen, oder sich mit ihm beschäftigen. Lieber beschäftigte sie sich mit sich selbst oder ihrem Handy. Auch das Füttern und Wickeln waren ihr lästig. Meistens legte sie Joel in seinen Maxi-Cosi und kümmerte sich wenig um ihn, damit sie mehr Zeit für sich hatte. Oft schaute sie ihn nicht einmal an.
Je älter Joel wurde, desto mehr störte er sie. Für Joel war das eine schlimme Zeit.

Als kleines Kind spürte er, dass seine Mama ihn ablehnte, und er fühlte sich sehr einsam und verloren. Joels Mama verstand, dass sie und Joel Hilfe brauchten.
Der Frau Meier vom Jugendamt erzählte sie, wie es ihr ging und zum ersten Mal konnte sie zugeben, dass sie gar nicht richtig für Joel sorgen konnte, dass er ihr lästig war und dass sie froh wäre, wenn andere sich um ihn kümmerten. Denn trotz allem wünschte sie sich, dass Joel das bekam, was sie ihm nicht geben konnte und selbst nie hatte.

Und das bekommt er. Maria hat sich ganz toll auf ihn vorbereitet. Sie hat viele Bücher gelesen und Vorträge gehört, über Kinder, denen es so ähnlich geht wie Joel. Daher versteht Maria, wie wichtig es für Joel ist, das nachzuholen, was ihm früher gefehlt hat. Dafür braucht er noch viel Zeit. Sie weiß, dass es auch vorkommen kann, dass er ihr gegenüber wütend wird, wenn sie nicht sofort auf ihn eingehen kann, denn in solchen Momenten fühlt er sich auch von ihr weggeschoben.
Aber bei ihr kann er so sein, wie er ist. Das hat er erst gestern wieder gemerkt, als Maria Besuch von einer Kollegin bekam. Die fand es ganz komisch, dass Joel einen Schnuller hatte.

„Bist du nicht ein bisschen zu alt für einen Schnuller?“, fragte sie erstaunt, als Maria und Joel ihr die Tür öffneten. Maria legte ihren Arm um Joel und Joel kuschelte sich hinein. Das mag Joel so an Maria. Sie gibt ihm Sicherheit und steht zu ihm, egal was andere denken.

„Komm doch herein", sagte Maria freundlich zu ihrer Kollegin. Sie setzten sich und als Maria Joel nun auch noch auf ihren Schoß nahm, schaute ihre Kollegin sie noch verwirrter an.

„Wie alt bist du denn?", fragte sie. Joel mochte nicht antworten und schaute Maria an.
„Nun, Joel ist sechs Jahre alt. Manchmal möchte er jedoch gerne noch mal ein, zwei oder drei Jahre alt sein. Denn als Baby und Kleinkind hat er so viel vermissen müssen, dass er das jetzt nachholt, wenn er es braucht. Solange er das möchte, darf er hier zu Hause so sein. Für dich und mich ist so vieles ganz selbstverständlich, was Joel gar nicht kennt. Zum Beispiel mit einem Schnuller gemütlich auf dem Schoß zu sitzen. Jetzt kann er das und es macht ihn glücklich. Auch noch mit sechs. Und ich finde es auch schön."

Joel schmatzte zustimmend mit dem Schnuller und kuschelte sich noch enger an Maria.

Ihre Kollegin nickte. „Langsam verstehe ich. Ihr beide seid wirklich ein richtig gutes Team."
„Ja, das sind wir. Für mich ist es nicht so wichtig, was andere dazu denken, das Wichtigste für mich ist, dass es Joel immer besser geht, er immer sicherer wird und immer weniger Angst hat. Und das schaffen wir auch!"

Lena und das Essen-Verstecken

Die Tür zu Lenas Zimmer steht einen Spaltbreit auf.
Als Paula daran vorbei geht, schaut sie reflexartig hinein. Doch anstatt zu spielen, steht Lena vor ihrer Kommode und wühlt hektisch in einer Schublade herum.

Obwohl Paula sich nicht wohl dabei fühlt, Lena zu beobachten, spürt sie doch, dass es vielleicht wichtig ist, und bleibt stehen.
Lena wirkt sehr aufgeregt. Ihre ganze Haltung drückt Heimlichkeit aus, so als täte sie etwas Verbotenes.
„Was macht sie da bloß?“, wundert sich Paula. Dann sieht sie die Banane, die blitzschnell von Lena mit Pullovern zugedeckt wird.
Schnell geht Paula weiter. Jetzt ist nicht der richtige Zeitpunkt, um mit Lena darüber zu sprechen.

„Weißt du noch, wie Lena geschlungen hat, als sie zu uns kam?“, fragt sie ihren Mann Moritz später, nachdem sie ihm von ihrer Beobachtung erzählt hatte. „Als sie so viel gegessen hatte, dass wir fürchteten, sie würde jeden Moment platzen?“
„Ja, einmal hat sie so viele Brote in sich hineingestopft, dass sie sogar alles wieder ausgebrochen hat“, erinnert sich Moritz. „Und wie wütend Lena werden kann, wenn sie nicht sofort etwas zu essen bekommt, wenn sie es möchte. Für sie fühlt es sich dann so an, als wäre auch uns ihr Hunger egal. Die Angst, ob und wann sie etwas bekommt, ist dann augenblicklich wieder da.“

„Wenn man ihre Geschichte kennt, ist das ja nur zu verständlich“, sagt Paula. „Stell dir vor, du bist ein kleines Kind, das nie die Sicherheit hatte, satt zu werden, oder zu Trinken zu bekommen, weil deine Eltern ihr Geld lieber für Alkohol ausgegeben haben. Ein Kind, dass oft ertragen musste, übersehen zu werden. Das hat sie erlebt. Da ist es doch nur verständlich, dass sie nimmt, was sie kriegen kann. Gut, dass uns das alles erklärt worden ist und wir Lena dadurch besser verstehen können. Sie braucht Zeit, Vertrauen zu uns aufzubauen. Lassen wir ihr die Zeit, die sie braucht, bis sie weiß, dass sie sich auf uns verlassen kann und dass wir uns gut um sie kümmern.“

Moritz nickt. „Wir werden mit ihr sprechen, wenn wir glauben, dass es der richtige Moment ist.“

Einige Tage später sieht Paula, wie Lena die Banane aus der Kommode nimmt. Diesmal geht sie nicht vorbei. „Ist das die Banane, die du neulich versteckt hast?“, fragt sie lächelnd und setzt sich. „Ich habe zufällig gesehen, wie du sie hineingelegt hast.“

Lena ist genervt und wütend. Sie schiebt die Banane wieder unter die Pullover. Ob Paula jetzt wütend wird und ihr die Banane wegnehmen will? Doch Paula sagt: „Ich habe mir Gedanken gemacht, warum du die Banane versteckt hast. Und weißt du was? Du hast viele gute Gründe dafür. Frau Meier vom Jugendamt hat uns erzählt, dass du früher oft wenig zu essen bekommen hast. Du warst ein Kind, das jeden Tag Hunger hatte. Da ist es doch schlau von dir, Essen zu verstecken, dir wie ein Eichhörnchen Vorräte anzulegen. Eichhörnchen tun das vorsorglich, um im Winter, wenn sie nicht genug Nahrung finden, etwas zu essen zu haben. Du tust das auch vorsorglich, weil du Angst hast, dass die Erwachsenen sich nicht um dich kümmern, dass du Hunger haben musst. Das ist bestimmt ein schreckliches Gefühl.“

Lena schaut Paula an und spürt, wie ein mulmiges Gefühl durch ihren Körper schleicht.
„Bis du dir ganz sicher bist, dass wir immer gut für dich sorgen, kannst du gerne weiter unser Eichhörnchen sein. Du musst dir nur schön merken, wo du deine Vorräte lagerst. Eichhörnchen vergessen nämlich oft, wo sie ihre Nüsse versteckt haben und dann wachsen plötzlich an den seltsamsten Orten Walnussbäume“, sagt Paula und zwinkert Lena zu. Lena stellt sich vor, wie in ihrer Schublade ein Bananenbaum oder ein Butterbrotbaum wächst, aber das ist natürlich Quatsch. Trotzdem muss sie lächeln. Langsam entspannt sie sich. Sie ist etwas durcheinander, aber auch erleichtert.

Sarah und der Schmerz

Sarah ist mit Kai auf den Spielplatz gegangen. Hier ist sie gerne, denn es gibt so viele verschiedene Sachen zum Spielen: ein tolles Kletternetz, lustige Wippen, Baumstämme zum Balancieren und riesige Reifen von Lkws auf denen man ganz hoch, fast bis in den Himmel schaukeln kann.

Doch am liebsten hat sie das Spielhaus mit der Rutsche. Erst mal hochklettern und dann ist man wie der Wind wieder unten. Das macht so viel Spaß! Immer wieder und wieder will Sarah rutschen. Hui, wie schnell sie ist!

Jetzt versucht sie es mal auf dem Bauch. Das geht auch erst gut, doch irgendwie liegt sie schief und als sie unten ankommt, fliegt sie voll Karacho auf den Boden! Sie setzt sich auf und merkt, dass ihre Hose gerissen ist und ihr Knie blutet. Kai hat den Sturz von der Bank aus beobachtet und kommt schnell angelaufen. „Sarah, hast du dir wehgetan?“ Dann sieht er ihr blutendes Knie und sagt: „Komm, ich helfe dir.“ Doch anstatt zu weinen und sich trösten zu lassen, dreht Sarah ihm den Rücken zu und wehrt ihn ab. Ihre Stimme ist voller Wut: „Was willst du? Lass mich in Ruhe, ich kann das alleine, ich brauche dich nicht! Hau ab, geh endlich weg!“
„Ok“, sagt er und steht wieder auf. „Wenn du das möchtest, setze ich mich da vorne auf die Wiese.“
Sarah sieht ihm genervt nach.

Dann schaut sie auf ihr Knie. Da ist nicht nur Blut, sondern auch Sand. Das pikst und sieht ein bisschen eklig aus.
„Erst mal pusten", denkt sie. „Das Aua ganz weit wegpusten und dann schnell an was anderes denken!"

Das macht sie immer, wenn sie sich wehgetan hat. Nur nicht weinen, besser leise sein.
Wenn sie früher weinte oder sich wehgetan hatte, kam niemand, um ihr zu helfen. Egal, wie laut sie weinte. Im Gegenteil, manchmal wurde sie sogar geschlagen, wenn sie jammerte. Manchmal sogar richtig doll. Also sagte sie aus Angst keinen Mucks mehr, machte sich unsichtbar und verkniff sich den Schmerz. Mit der Zeit konnte sie das richtig gut und irgendwann tat es auch gar nicht mehr weh.

Nach einer kleinen Weile setzt sich Kai wieder neben sie. Sarah dreht sich etwas weg.
„Das tut bestimmt ganz schön weh", sagt er und blickt auf ihr Knie.
„Warum kommt der denn jetzt?", denkt Sarah, aber sie ist nicht mehr so wütend wie vorhin. „Ich verstehe, dass du lieber allein zurechtkommen möchtest. Du hast einen guten Grund dafür. Wenn ich du wäre, würde ich es bestimmt genauso machen.

Du hast gelernt, Erwachsenen nicht zu trauen, denn die haben dir früher nie geholfen. Sie haben dir Schmerz zugefügt und dich im Stich gelassen. Deshalb hast du gelernt, dir selbst zu helfen. Das war eine schreckliche Zeit und es ist ganz normal, dass du wütend bist. Es gibt viele Kinder, die so etwas erlebt haben. Es gibt aber auch Erwachsene, die anders sind, denen es wichtig ist, dass es Kindern gut geht. Ich möchte dir gerne helfen, denn du bist mir wichtig. Du bekommst die Zeit, die du brauchst."

„Ach lass mich", sagt Sarah leise. Tief in ihr drin weiß Sarah, dass Kai es gut mit ihr meint, aber das kann sie noch nicht zeigen. Doch was er gesagt hat, ist schön, jetzt muss sie es nur noch glauben können. Er hat recht, sie braucht noch etwas Zeit, aber dann ...

Noel und die zerbrochene Vase

Das Scheppern und Klirren ist so laut, dass Julia es in der Küche hören kann.
Es übertönt sogar ihr eigenes Geklapper, das sie beim Ausräumen der Spülmaschine veranstaltet. Erschrocken lässt sie alles stehen und liegen und eilt ins Wohnzimmer.
Für das Bild, das sich ihr bietet, gibt es nur eine Erklärung: Noel hat schon wieder im Wohnzimmer Fußball gespielt! Die vielen Scherben und der daneben liegende Ball zeigen das ganz deutlich. Nur von ihm selbst fehlt jede Spur.

Ärgerlich nimmt sie den Ball auf, als ihr Blick auf zwei kleine Fußspitzen fällt, die dicht beieinander hinter der Anrichte hervorlugen.
„Was soll das denn Noel? Du weißt ganz genau, dass du drinnen nicht Fußball spielen sollst. Du siehst ja, was dann passieren kann!", sagt sie genervt, während sie um die Anrichte herum geht. Doch Noel reagiert überhaupt nicht. Wie ein eingerollter Igel kauert er auf dem Boden. Er ist mucksmäuschenstill, nicht mal sein Atmen ist zu hören.

„Noel?" Doch Noel ist wie erstarrt, bewegt sich überhaupt nicht. Julia spürt, dass es ihm nicht gut geht. Seine Haltung drückt mehr als nur ein schlechtes Gewissen aus. Da ist noch etwas anderes. Plötzlich beginnt er, sich mit der Hand vor den Kopf zu schlagen. Immer wieder und wieder. Erschrocken steht Julia auf.
„Weißt du was? Ich räume hier erst mal auf und wir sprechen später darüber", sagt sie nun sanfter. Während sie die Scherben zusammenfegt und zur Mülltonne bringt, versucht sie eine Erklärung für Noels Verhalten zu finden. Ihr wird klar, dass es mit den furchtbaren Erlebnissen zusammenhängen muss, die er bei seinen leiblichen Eltern erfahren hat.

Oft musste er mitansehen, wie sein Vater seine Mutter verprügelt hat. Und als wäre das nicht schon schlimm genug, konnte auch er selbst sich nie sicher vor seinem gewalttätigen Vater fühlen. Wenn er laut spielte oder tobte, wurde sein Vater oft so wütend, dass er ihn durchs Zimmer schubste, an ihm herumzerrte oder auf ihn einschlug. Seine Mutter, die selbst Angst hatte, half ihm nicht, verteidigte ihn nicht. Er war ganz allein und seinem Vater hilflos ausgeliefert. Er konnte sich ja nicht wehren und wusste nicht, was er tun sollte, also erstarrte er vor Angst, bis alles vorbei war. Das erlebte er immer und immer wieder.

Es war eine schreckliche Zeit für Noel, die erst endete, als das Jugendamt ihn zum Schutz aus seiner Familie herausnahm und er bei Julia ein neues Zuhause fand.

Bei den Gedanken an das, was Noel ertragen musste, ist Julias Ärger sofort verflogen, doch ihr ist klar, dass sie, um ihm helfen zu können, unbedingt mit ihm sprechen muss.

Als sie ins Wohnzimmer zurückkommt, sitzt Noel nicht mehr hinter der Anrichte. Behutsam klopft sie an seine angelehnte Zimmertür. Noel hockt auf seinem Bett und schaut ihr unsicher entgegen. Julia setzt sich neben ihn.

„Weißt du, es ist ganz normal, dass Kinder, die von ihren Eltern mit Schlägen bestraft wurden, ganz ganz große Angst haben. Um sich selbst zu schützen, erstarren sie und sagen keinen Pieps mehr. Oft sind sie sogar so erstarrt, dass sie sich selbst nicht mehr spüren können. Solche Kinder können sich gar nicht vorstellen, dass es auch Erwachsene gibt, die sie nicht schlagen, wenn sie selbst genervt sind."

Noel schaut sie nicht an, aber sie spürt, dass er ihr gut zuhört.

„Um diese große Angst kleiner zu kriegen, brauchen diese Kinder viele gute Erfahrungen und viel Zeit. Wir haben diese Zeit gern für dich. Was die zerbrochene Vase angeht, ist es natürlich ärgerlich, dass sie kaputt ist. Deshalb ist es besser, wenn Kinder draußen Fußball spielen, da wohnen nämlich keine Vasen, die im Weg sein können. Da kann man viel besser spielen.

Was meinst du, sollen wir es mal ausprobieren? Ich gehe ins Tor und du schießt. Ich bin gespannt, ob ich es schaffe, einen Ball zu halten. Zum Glück habe ich eine dickere Schale als eine Vase, ich zerbreche nicht", sagt Julia und hält Noel den Ball entgegen.

Max und sein Wach-Sein in der Nacht

Es ist Nacht. Max liegt allein in seinem Zimmer und schläft. Sein Schlaf ist dünn wie ein Blatt Papier und leicht wie eine Feder. Das kleinste Geräusch kann ihn aufwecken. So ist es auch jetzt.

Max öffnet die Augen und lauscht in die Dunkelheit. Irgendetwas hat er gehört. Nun muss er ganz leise sein, darf keinen Mucks machen. Das ist ganz wichtig. Das weiß er genau. Wie ein kleiner Stein ganz still sein und auf keinen Fall rufen – denn wenn er ruft, kommt wahrscheinlich sowieso niemand, und wenn doch, wird er bestimmt doll angeschrien, weil er immer stört und lästig ist. Davor hat Max genauso viel Angst wie vor Geräuschen in der Dunkelheit.

Da, wo er früher zu Hause war, war es nachts oft laut.
Niemand kümmerte sich um ihn.
Er musste sich die Ohren zuhalten und warten, bis es vorbei war.

Vorsichtig zieht er die Decke hoch. Auf einmal hört er Schritte und die Tür zu seinem Zimmer öffnet sich langsam. Eva kommt auf ihn zu. „Max, du bist ja auch wach. Ich konnte nicht schlafen und habe mir noch etwas zu trinken geholt. Da dachte ich, ich schaue mal nach dir. Hast du geträumt?“ Sie setzt sich auf seine Bettkante und lächelt ihn an.

Max antwortet nicht, er ist schließlich noch immer ein kleiner Stein. Sicher ist sicher. Wer weiß, wann Eva anfängt zu schreien.

Doch Eva schreit gar nicht. Stattdessen sagt sie: „Wenn du nicht schlafen kannst oder dich fürchtest, kannst du nach mir rufen oder einfach zu mir kommen, ich bin immer für dich da. Ich weiß, dass es ganz schön schwierig für dich ist, mir zu glauben. Bisher musstest du ja ganz allein auf dich aufpassen. Da hattest du bestimmt viel Angst.“

Was Eva sagt, hört sich schön an. Noch nie hat ein Erwachsener so mit ihm gesprochen. Trotzdem glaubt er ihr nicht und denkt: „Wenn ich sie nachts rufe, schimpft sie bestimmt mit mir!“

Leise redet Eva weiter: „Ich versuche mir vorzustellen, wie schlimm es sich für dich anfühlt, wenn du nachts alleine wach liegst und dich fürchtest. Ich möchte dir helfen, mir zu vertrauen. Dafür brauchen wir bestimmt Zeit, aber die haben wir ja. Eines Tages wirst du wissen, dass es hier bei uns sicher ist. Gemeinsam schaffen wir das.“

Eva streicht ihm über den Kopf. „Weißt du was, Max? Ich werde ab jetzt nachts einfach öfter nach dir sehen und schauen, ob du schlafen kannst.“

Max spürt, wie er sich langsam entspannt. Er lässt die Decke sinken und schmiegt sich in seine Kissen. Ob Eva wirklich morgen Nacht nach ihm sehen wird?

„Wenn du nichts dagegen hast, bleibe ich hier sitzen, bis du wieder eingeschlafen bist“, sagt Eva und deckt ihn behutsam zu.

Max nickt und schließt die Augen.

Leonie und die Angst vor dem Streit

Leonie hielt sich die Augen zu. Dann die Ohren. Doch so doll sie auch drückte, das Geschrei ihrer Eltern kroch trotzdem zwischen ihren Fingern hindurch in ihren Kopf und machte ihr große Angst. Immer und immer wieder musste sie die schlimmen Schimpfwörter hören, die sich zu einem Berg aus bösen Wörtern auftürmten. Die schrecklichen Geräusche, wenn ihr Vater ihre Mutter schlug, wird sie vielleicht nie vergessen. Genauso wenig wie den Anblick der Flecken auf der Haut ihrer Mutter, die noch Tage später von den Schlägen erzählten. Nachher schleuderte ihre Mutter manchmal sogar vor Wut Sachen gegen die Wände.

Am schlimmsten war es, wenn die Eltern Leonie während ihrer Streitereien einsperrten. Dann konnte sie sich nur vorstellen, was hinter der Tür vor sich ging, aber sie konnte nie wissen, was sie erwartete, wenn die Tür sich wieder öffnete. Manchmal, wenn es ganz schlimm war, riefen die Nachbarn sogar die Polizei.

Ihre Eltern waren so damit beschäftigt sich zu hassen, dass sie gar nicht bemerkten, wie schlecht es Leonie ging und wie viel Angst sie hatte.

Wo Leonie heute lebt, ist alles anders. Miriam und Daniel schreien nicht, sie werfen keine Sachen gegen die Wände und sie schlagen sich auch nicht. Sie sind lieb zueinander. Sie kümmern sich gut um Leonie und achten darauf, wie es ihr geht. Das ist für Leonie ein ganz neues Gefühl.

„Doch bleibt das auch so?“, fragte sie sich. „Besser, ich passe auf, man weiß ja nie.“

Und so beobachtete sie Miriam und Daniel. Blieben sie freundlich zueinander, hatten sie komische Stimmungen? Doch alles blieb gut und nach und nach waren Leonies Sorgen und Ängste von einer weichen Decke aus Vertrauen zugedeckt. Bis zu dem Tag, als diese Decke mit einem Ruck weggerissen wurde.

Schon auf dem Weg vom Flur zur Küche, spürte Leonie die bedrohliche Stimmung, die sie so gut kannte. Daniel und Miriam waren in der Küche. Doch anders als sonst waren ihre Stimmen ganz laut. Sofort breitete sich die alte Angst wieder in Leonie aus. „Oh nein! Nicht schon wieder!“, dachte sie erschrocken. Wieder einmal stand sie zwischen zwei streitenden Erwachsenen.

Daniel sah aus, als würde er gleich platzen, und Miriams erhobene Hand brachte schreckliche Erinnerungen zurück. Leonie war nicht nur sehr traurig, sondern auch wütend. „Jetzt geht es bestimmt gleich los."

Doch anders als ihre Eltern beendeten Daniel und Miriam ihren Streit sofort, als sie Leonie ängstlich, mit vor den Mund gehaltenen Händen in der Tür stehen sahen. Denn die beiden merkten, dass es Leonie gar nicht gut ging und sie große Angst hatte. Schließlich wussten sie, wie sehr Leonie früher unter den schlimmen Streitigkeiten ihrer Eltern gelitten hatte.

Nun war nichts wichtiger, als Leonie zu beruhigen und zu trösten. „Es tut uns sehr leid, dass wir dich so erschreckt haben", sagte Daniel. „Und natürlich hast du völlig Recht und einen Grund dafür."

Miriam wendet sich Leonie zu. „Es gibt Kinder, deren Eltern sich so schlimm streiten, dass diese Kinder riesengroße Angst bekommen. Die ist dann ganz tief in ihnen drin und jedes Mal, wenn sie dann woanders einen Streit mitbekommen, fühlen sie sich wieder genauso allein und hilflos. Unser Streit hat dich an früher erinnert und daher ist es ganz klar, dass du Angst bekommen hast. Aber weißt du, Daniel und ich sind zwei verschiedene Menschen und nicht immer einer Meinung. Das ist ganz normal, dann müssen wir darüber sprechen, manchmal auch streiten. Doch es war wirklich blöd von uns, so laut zu werden. Wir wollten dir keine Angst machen."

Merle und die zerschnittene Kleidung

Johannes und Merle besuchen den Zoo. „Hast du das gesehen?“, fragt Merle und zeigt aufgeregt auf das Loch, in dem das kleine Erdmännchen gerade verschwunden ist. „Wie schnell die sind!“ Johannes lacht und gemeinsam beobachten sie, wie ein Erdmännchen nach dem anderen im Bau verschwindet. „Ich glaube, die machen es sich jetzt erst mal zu Hause gemütlich. Wie wäre es, wenn wir das auch machen? Der Zoo schließt gleich, die Tiere brauchen ja auch mal ihre Ruhe.“
„Und was ist mit unserem Eis“?“, fragt Merle und zieht Johannes fröhlich hüpfend an der Hand.
„Oh nein!“, ruft Johannes und schlägt sich gespielt die Hand an die Stirn.
„Das hätte ich ja fast vergessen! Wie konnte ich nur! Also: Wer zuerst am Eisstand ist, bekommt das Dickste!“ Doch da ist Merle schon längst kichernd losgeflitzt. Keine Frage, wer das dickste Eis bekommen hat.

Auf dem Rückweg bringt Merle Johannes noch das neue Lied bei, das sie gerade im Kindergarten gelernt hat, und gemeinsam singen sie, bis die Haustür hinter ihnen ins Schloss fällt.

„Das war ein richtig schöner Tag“, sagt Johannes lächelnd. „Das machen wir bald wieder. Ich freue mich schon darauf! Jetzt räume ich erst mal die Küche auf. Und du? Gehst du wie ein Erdmännchen in dein Zimmer und ruhst dich aus?“ Merle nickt, läuft in ihr Zimmer und schließt die Tür hinter sich.

Nach einer Weile hat Johannes die Küche von den Überbleibseln ihrer tollen selbst gemachten Pizza befreit, die sie vor ihrem Zoobesuch gebacken hatten. Er legt das Geschirrtuch aus der Hand und denkt: „Merkwürdig still hier. Mal sehen, was sie macht.“ Er klopft an Merles Tür. Keine Antwort. „Vielleicht ist sie ja eingeschlafen.“ Vorsichtig drückt er die Klinke und öffnet die Tür. Was er sieht, erschreckt ihn.

Merle schläft nicht. Sie sitzt vor ihrem Schrank. Um sie herum liegen Fetzen von Kleidung. In ihrer Hand hält sie eine Schere und ist gerade dabei, ihr neues Shirt zu zerschneiden.

Johannes läuft zu ihr und nimmt ihr die Schere weg. „Kannst du mir mal sagen, was du da machst? Was soll das?“, ruft er. Merle antwortet nicht. Ihr Blick ist seltsam verschlossen. „Wir hatten so einen schönen Tag und jetzt machst du so einen Mist. Das verstehe ich nicht!“ Merle schweigt weiter und schaut Johannes noch immer nicht an.

„Okay, wie du willst. Dann sprechen wir später darüber.“ Immer noch wütend geht er raus, legt die Schere auf die Kommode und trinkt ein Glas Wasser zur Beruhigung.

„Was hat sie bloß? Irgendetwas geht in ihr vor, dass ich nicht verstehe. Es muss einen Grund für ihr merkwürdiges Verhalten geben.“ Doch soviel er auch grübelt, er kommt nicht dahinter.

Der Kinderpsychologe, den er deshalb aufsucht, kann ihm schließlich helfen, Merle zu verstehen. Denn sie hat einen guten Grund.
Wo Merle früher lebte, hat sich niemand um sie bemüht. Es war egal, was sie machte, es war egal, dass sie nichts zu spielen hatte. Es war egal, dass in ihrem Zimmer die Tapeten von den Wänden fielen. Niemand kümmerte sich um sie und so war sie oft allein in ihrem trostlosen Zimmer und wurde immer stiller. Merle glaubte, dass sie ein wertloses Kind sei, das nichts Schönes verdient hat und mit dem sich niemand beschäftigen möchte.
„Und in dem Augenblick, wo es ihr richtig gut geht und sie glücklich ist, erinnert sie sich an ihr früheres Leben. Diese Erinnerung tut ihr so weh, dass sie das Gefühl hat, das Schöne zerstören zu müssen, um nicht an das Schreckliche erinnert zu werden und es erneut spüren zu müssen. Am besten, Sie sprechen darüber ganz offen mit Merle“, rät der Kinderpsychologe.

Ein paar Tage später bietet sich für Johannes eine gute Gelegenheit, mit Merle zu sprechen. Sie sitzen auf dem Sofa und Johannes klappt das Buch zu, das er Merle gerade vorgelesen hat.
„Weißt du Merle, die Sache neulich, nach unserem schönen Tag im Zoo, die habe ich gar nicht verstanden. Das wollte ich aber unbedingt, deshalb bin ich zu jemandem gegangen, der sich ganz gut mit Kindern auskennt. Und der hat mir dann erklärt, warum es für manche Kinder, die Schlimmes erlebt haben, so schwer ist, einen schönen Tag zu ertragen.“
Merle schaut ihn offen an und es scheint, als freue es sie, dass Johannes sich solche Mühe wegen ihr gibt. Denn würde er sich Rat holen, wenn er sie nicht ernst nehmen würde, oder sie ihm nicht wichtig wäre?

Während Johannes ihr alles erklärt, spürt er, wie sie sich langsam neben ihm entspannt.

„Ich glaube, wir lernen beide immer noch dazu. Ich lerne, dich besser zu verstehen, und du lernst, dass du mir ganz wichtig bist, dass ich mich immer freue, Zeit mit dir zu verbringen. Wie wäre es, wenn wir bald wieder einen „Merle-und-Johannes-Tag“ machen? Mit dickem Eis und du darfst aussuchen, was wir unternehmen.“
Merle lächelt und nickt. Dann greift sie nach einem weiteren Buch: „Liest du mir noch eins vor?“

Paul und die Angst vor dem Arztbesuch

„Paul, kommst du? Wir müssen los!", ruft Benno die Treppe hoch. In einer halben Stunde sollen sie beim Kinderarzt sein.
„Jaaa!", tönt es laut von oben und kurz darauf hüpft Paul zwei Stufen auf einmal nehmend hinunter und schlüpft in seine von Benno bereits aufgehaltene Jacke.
Zehn Minuten später stehen sie vor der Kinderarztpraxis.
„Wie sieht's aus, möchtest du klingeln?", fragt Benno.
Paul nickt grinsend und Benno hebt ihn hoch. „Puh, du wirst auch nicht leichter", ächzt er und schnaubt gespielt. Kichernd drückt Paul auf den Knopf.

Die Tür surrt und öffnet sich langsam. Während sie zum Wartezimmer gehen, bemerkt Benno, wie Pauls Körper, der gerade noch weich und entspannt war, an seiner Hand zusehends versteift. Doch nicht nur das, auch sein Gesichtsausdruck hat sich verändert.
Seine Augen sind vor Schreck geweitet, der Mund fest zusammengekniffen.
Besorgt fragt Benno: „Ist alles in Ordnung, Paul?", doch Paul antwortet nicht. Erst als die Arzthelferin kommt, um sie in das Behandlungszimmer zu bringen, reagiert er.

„Ich geh' da nicht rein, ich will nicht!", schreit er wütend und wendet sich ab.
„Paul, was soll denn das, du bist jetzt dran. Es ist nur eine kleine Untersuchung, das ist doch nichts Schlimmes."

„Nein! Ich will das nicht, ich will nach Hause!", jammert Paul weiter und sein kleiner Körper zittert. Benno spürt, dass mit Paul etwas nicht stimmt, und gibt nach.
Zuhause beschließt er, der Sache auf den Grund zu gehen. Er wählt die Nummer vom Jugendamt. „Vielleicht kann mir jemand weiterhelfen", denkt er.

Und tatsächlich kann Benno nach dem Gespräch mit Frau Meier vom Jugendamt ganz genau verstehen, warum sich Paul beim Arzt so seltsam verhalten hat.

Sie erzählte ihm, dass Pauls leibliche Mutter Drogen genommen hat. Auch als Paul noch in ihrem Bauch war. Als Paul dann geboren wurde, hatte er dieses Gift noch in seinem Körper. Es ging ihm schlecht. Er zitterte und hatte Schmerzen. Deshalb musste er sofort nach seiner Geburt im Krankenhaus auf die Intensivstation. Das Schlimmste war jedoch, dass er dort ganz allein – ohne Eltern – mehrere Wochen verbringen musste. Den Ärzten und Schwestern tat er natürlich sehr leid. Sie versuchten so gut es ging, für ihn da zu sein, aber die Fürsorge, Liebe und Geborgenheit, die Eltern normalerweise geben, konnten sie nicht ersetzen. So war er allem hilflos ausgesetzt. Bis heute hat er weder die Geräusche noch die komischen Gerüche, die ihn damals umgaben, vergessen. Wie viele andere Kinder, die ähnlich gelitten haben, hat er automatisch Angst, wenn er eine Arztpraxis betritt.

Nun versteht Benno, warum Paul so sonderbar war.

Aber Paul ist auch verunsichert und versteht selbst nicht, warum er so komisch war. Behutsam versucht Benno ihm zu erklären, wie schlimm es für kleine Babys ist, wenn niemand für sie da ist. Besonders, wenn sie krank sind oder sogar alleine ohne Eltern im Krankenhaus sein müssen. Und dass solche Babys dann oft später als Kinder noch große Angst vor Ärzten haben können und erst recht vor Spritzen.
„So etwas hast du erlebt und daher verstehe ich gut, dass du dich beim Arzt so verhalten hast."

Nun ist Paul sogar ein bisschen erleichtert, denn er weiß jetzt, dass er nicht komisch ist.

Benno lächelt ihn an und sagt: „Wir versuchen es einfach bald noch einmal. Ich bin mir sicher, wenn du deinen ganzen Mut zusammennimmst, schaffst du das. Schau mal, ich habe einen Arztkoffer für Kinder gekauft, damit können wir erst mal spielen."

Benno öffnet den kleinen Koffer und gemeinsam schauen sie, was alles drin ist. Paul nimmt eine dicke Plastikspritze in die Hand: „Ich wäre jetzt der Arzt und du brauchst eine Spritze."
„Ok", sagt Benno und hält ihm bereitwillig seinen Arm hin.
„Ich drück jetzt ganz feste und du musst weinen und schreien."
Immer wieder möchte Paul das spielen.
Irgendwann sagt Benno: „Paul, du bist wirklich ein super Arzt, die Spritze hilft wirklich – ich fühle mich schon viel besser. Was meinst du, können wir jetzt auch in Echt zum Arzt?"
„Bleibst du auch die ganze Zeit bei mir und gehst nicht weg?"
„Natürlich. Das ist ja wohl klar, ich verspreche es dir."
Paul zögert einen Moment. Dann sagt er leise, aber entschlossen: „Ja."

Und tatsächlich sitzt Paul ein paar Tage später auf der Untersuchungsliege bei der Kinderärztin. Er durfte auch seinen Teddy mitbringen.
Ein bisschen mulmig ist ihm schon, aber er weiß, Benno ist da, und das gibt ihm Sicherheit. Er blickt zu ihm hinüber. Benno lächelt, zwinkert ihm zu und hebt den Daumen. Das tut gut.

Als die Untersuchung beendet ist, nimmt Benno Paul in den Arm. „Ich freue mich, dass du dich getraut hast. Das war wirklich sehr mutig. "
„Wir sind ein gutes Team, oder?", fragt Paul. In seinem Bauch breitet sich ein warmes Gefühl aus: Er hat es geschafft und er ist stolz auf sich.

Leon und der Briefträger

„Vielleicht möchte Leon etwas trinken“, denkt Anne und öffnet das Küchenfenster, um ihn zu fragen. Schließlich spielt er schon eine ganze Weile allein im Garten.

Doch anstatt zu buddeln, sieht sie, wie er fröhlich winkend zum Briefträger läuft, der gerade mit einem Brief in der Hand auf ihr Haus zugeht.

„Nicht schon wieder!“, denkt Anne. Sie ahnt bereits, was geschehen wird.
Und richtig, Leon stellt sich direkt vor den Briefträger und eine Sekunde später schnellt seine Hand in die Höhe und zuppelt aufgeregt an dessen Hemd herum.
„Wie heißt du?“, fragt Leon strahlend. „Ich heiße Leon.“
„Hey Vorsicht, ich brauche mein Hemd noch“, lacht der Briefträger verlegen und dreht sich etwas weg. Doch das hält Leon nicht davon ab, weiter vor ihm herumzuhopsen.
„Hast du eine Frau?“, fragt Leon den Briefträger. „Magst du Kinder? Hast du was zu essen? Darf ich mit dir mitkommen und bei euch schlafen?“
Anne hat genug gehört und ruft: „Leon! Komm bitte her!“
Doch Leon hüpft weiter aufgeregt vor dem verwirrten Briefträger herum.
„Da hat jemand nach dir gerufen, lauf!“, sagt der Briefträger erleichtert.
Leon läuft zum Küchenfenster, wo ihn eine genervt dreinblickende Anne bereits erwartet.
„Was sollte das denn wieder gerade? Wie oft haben wir dir schon erklärt, dass du nicht einfach fremde Menschen ansprechen sollst? Und auf gar keinen Fall fragen, ob du mit ihnen mitgehen kannst. Nicht jeder Mensch kann dein Freund sein! Jetzt ist Schluss, du kommst sofort rein und gehst auf dein Zimmer“, schimpft Anne.

Leon schaut sie verständnislos an. Er versteht nicht, was er falsch gemacht hat. Vielleicht stimmt ja irgendetwas nicht mit ihm. Er möchte nicht, dass Anne sauer auf ihn ist.
Traurig geht er auf sein Zimmer. Anne ist genervt: „Warum macht er das nur immer wieder?“, fragt sie sich wohl zum hundertsten Mal. Die nächsten Tage sind schwierig. Leon ist stiller als sonst. Anne spürt, dass etwas nicht stimmt. Doch was kann sie tun? Wie soll sie mit ihm sprechen? Sie beschließt, Frau Meier anzurufen. Die kennt sich ganz besonders gut aus mit Kindern, die es bei ihren leiblichen Eltern schwer hatten und deshalb nicht bei ihnen leben. Bestimmt weiß sie Rat.

Das Telefonat hat Anne gutgetan. Nun versteht sie, warum Leon sich manchmal so merkwürdig verhält. Mit einem Teller Apfelspalten und einem Becher Kaffee für sich geht sie zu ihm. „Na, wie geht es dir?“, fragt sie freundlich und setzt sich neben ihn auf sein Bett.
„Gut“, antwortet Leon leise.

„Hör mal Leon ..., es tut mir leid, dass ich so sauer auf dich war. Das war nicht richtig von mir. Weißt du, ich habe gerade erst verstanden, warum manche Kinder oft so zutraulich zu fremden Menschen sind. Dafür haben sie einen guten Grund. Es liegt daran, dass sie sich früher nie richtig sicher und geborgen gefühlt haben. Denn wenn Kinder erleben müssen, dass sich ihre Eltern nicht gut und liebevoll um sie kümmern, sie das Gefühl haben, nicht wahrgenommen zu werden, fühlen sie sich ganz einsam und allein. Es gibt Eltern, die nur an sich denken und das tut Kindern sehr weh. So weh wie ein Splitter unter der Haut. Hattest du schon mal einen Splitter unter der Haut?“, fragt Anne.

Leon schaut sie an. „Ja, aus Holz. Der steckte in meinem Finger und ging ganz schlecht wieder raus.“
„Genau, es ist manchmal gar nicht so einfach, die herauszuziehen. So wie der Splitter in deinem Finger, steckt das Gefühl des Alleinseins in dir. Und manchmal, wenn du allein bist, wenn du zum Beispiel wie neulich im Garten spielst, zwickt dieser Splitter und du fühlst dich verlassen. Auch von uns.
Wir möchten dir helfen, diesen piksenden Splitter herauszuziehen. Denn wenn der erst mal raus ist, geht es dir bestimmt schon besser.“

Leon nickt: „Das war bei meinem Finger auch so. Erst hat es noch ein bisschen wehgetan, aber irgendwann war alles wieder gut.“

Anne lächelt und legt den Arm um ihn.

„Vielleicht brauchen wir etwas mehr Zeit für diesen besonderen Splitter, der sitzt nämlich ganz schön tief. Doch mit jedem kleinen Stück Vertrauen, dass du zu uns fasst, bahnt er sich seinen Weg nach oben und irgendwann flutscht er raus. Zusammen schaffen wir das. Es tut mir wirklich sehr leid, dass ich dich ausgeschimpft habe.“

Lea und die Drogenkranke auf der Straße

Lea freut sich. Die Sonne strahlt vom Himmel, doch was das Tollste ist: Heute geht sie mit Nadja in die Stadt. Einfach mal so herumbummeln, ohne festes Ziel.

Im Park schauen sie den vielen Spatzen zu und lassen sich treiben. Schließlich gehen sie durch einen der Ausgänge und biegen um die Ecke. Ein Geschäft interessiert Nadja und sie bleiben kurz stehen, um das Schaufenster zu betrachten. „Hm, nicht so spannend", denkt Lea und schaut sich um.

Plötzlich kribbelt es in ihr.

Nicht weit entfernt kauert eine Frau auf dem Bürgersteig. Sie sieht aus, als würde sie schlafen. Ganz schlaff und krank sieht sie aus. So, als könnte sie nicht mal den kleinen Finger heben. Lea kennt diese komische Haltung und auch die Spritze, die neben der Frau liegt. Dieses Bild ist ganz tief in ihr drin und sofort ist auch die Angst wieder da, die zu diesem Bild gehört.

„So, meinetwegen können wir weiter gehen", sagt Nadja und wendet sich Lea zu. Als sie in Leas Gesicht schaut, merkt sie sofort, dass etwas nicht stimmt. Sie folgt ihrem Blick und weiß, was los ist. Lea erinnert sich. Sie sieht und riecht wieder den Müll, die vielen leeren Bierflaschen, die grässlichen Spritzen und mittendrin ihre Eltern, die auf dem Boden liegen, oder – wie diese Frau – in sich zusammengefallen an der Wand lehnen. So als wären sie tot.

Lea erinnert sich wieder an ihre große Angst, fühlt die Sorgen, die sie hatte.

Damals hatte sie sich vorgestellt, wie es wäre, wenn ihre Eltern nicht mehr aufwachten, nicht zu ihr zurückkämen. Was sollte sie dann essen oder trinken? Sie war doch noch klein und hilflos und brauchte jemanden, der sich um sie kümmerte. Sie hatte sich so schrecklich einsam und verloren gefühlt. Das mussten sie doch wissen! Warum haben sie es dann trotzdem immer und immer wieder gemacht? Das konnte sie nicht verstehen.

Anscheinend war sie nicht so wichtig. Die Flaschen und Spritzen waren wichtiger.

Nadja legt behutsam eine Hand auf Leas Schulter. Lea erwacht wie aus einem bösen Traum. Sie schaut Nadja traurig an. „Weißt du Lea", sagt Nadja, „da, wo du früher gelebt hast, war es sehr gefährlich für dich. Menschen, die so krank sind wie die Frau da drüben, können sich nicht um Kinder kümmern, deshalb bist du nun bei uns.

Erinnerst du dich an meinen letzten Geburtstag, als ich Besuch von meiner Freundin Anna bekam und wir mit einem Glas Wein angestoßen haben? Wie wütend du warst? Dafür hattest du einen **guten Grund.** Mir war in dem Moment gar nicht klar, was das für dich bedeuten musste. Du dachtest natürlich, dass alles wieder wird, wie es früher war. Zuerst bekamst du Angst und dann wurdest du wütend.
Doch jetzt bist du in Sicherheit. So etwas, was du erlebt hast, wird nie wieder geschehen. Wir kümmern uns um dich. Du wirst sehen, mit der Zeit lernst du immer mehr, zu vertrauen, und dann wird die Angst immer kleiner, bis du ein Fernrohr brauchst, um sie zu sehen. Das geht nicht so schnell, aber wir schaffen das zusammen."
„Das wäre schön", flüstert Lea. „Meinst du, das klappt?"
„Ganz sicher." Nadja lächelt und drückt ihre Hand. „Wie wäre es mit Spielplatz?"

Lea schaut noch einmal auf die Frau. Dann nickt sie lächelnd, und Hand in Hand gehen sie in die andere Richtung.

Oliver Hardenberg

Hilfen für Pflegeeltern und Fachkräfte

„So gibt die ‚Annahme des Guten Grundes' die Würde zurück."
Wilma Weiß

„Was ist das Richtige, das Verstehbare an dem, was das Kind sagt oder tut? Diese Frage geht von der Vermutung aus, daß das, was ein Kind tut, immer gute Gründe hat, Gründe, die ihm selbst gar nicht besonders klar sind."
Monika Nienstedt und Arnim Westermann

„Nur indem ein Kind bei seinem Schmerz bleiben kann und der Erwachsene es darin begleitet, ohne einzugreifen, kann es die Kraft aufbauen, Mensch zu sein."
Janusz Korczak

Welche familiären Vorerfahrungen können Pflegekinder in sich tragen?[1]

Aus der Pflegekinderhilfe kennen wir die folgenden typischen traumatisierenden Erfahrungen, die Kinder in ihren Herkunftsfamilien machen mussten und deshalb dauerhaft in einer Pflegefamilie aufwachsen:

- Säuglinge, die schwer vernachlässigt wurden, unregelmäßig zu essen und zu trinken bekamen; stundenlang weggelegt wurden; auf deren Weinen und Schreien nicht reagiert wurde; die sich in einem apathischen Zustand befanden, nicht lächeln konnten, sich wegschliefen; Symptome von Hospitalismus zeigten
- Kleine Kinder, mit denen kaum gesprochen oder gespielt wurde; die verbal erniedrigt wurden; über Stunden oder Nächte in ihr Zimmer eingesperrt wurden; die mit Schlägen oder heiß-kalten Duschen misshandelt wurden; die erleben mussten, wie ihre Geschwister vernachlässigt oder misshandelt wurden und die sie als ältere Geschwister versorgten und beschützten; Kinder, die ständig in der Nachbarschaft und Verwandtschaft hin- und hergereicht wurden, eine Odyssee von Bezugspersonen und Lebensorten erlebten und völlig bindungsgestörte bzw. distanzlose Kinder sind
- Kleine Kinder, die beständig mit den Folgen des schweren Drogenkonsums oder der schweren Alkoholerkrankung der Eltern aufwuchsen, unter schwerer Vernachlässigung, Verwahrlosung und Vereinsamung litten; kleine Kinder, die über lange Zeit unter dem wahnhaften Agieren von Eltern litten und keinerlei Hilfe bekamen
- Säuglinge oder kleine Kinder, die sexuelle Gewalt erleben mussten
- Kinder, die in desolaten Müllhaushalten verwahrlosten, kaum die Wohnung verlassen haben, deren körperliche Pflege desolat war und die Wunden, verfilzte Haare und eingewachsene Fußnägel hatten
- Kinder, die bei Eltern mit schweren Persönlichkeitsstörungen aufwuchsen und beständig in hoch pathologischen Beziehungsstrukturen lebten (permanentes Polarisieren von Gut und Böse, extreme und nicht nachvollziehbare Stimmungsschwankungen; Aufheben der Generationsschranken, bizarres Agieren) und deren Eltern keine Einsicht und Verantwortung entwickeln können

1 Hardenberg 2006

In den Pflegefamilien können sich die Folgen solcher Erfahrungen zum Beispiel so äußern:

- Kinder, die in Pflegefamilien unter schrecklichen Ängsten leiden; die von Angst erfasst durch die Wohnung laufen und lange nicht zulassen können, dass der Pflegevater das Kinderzimmer betritt
- Kinder, die in Rollenspielen in der Pflegefamilie beständig Misshandlungsthemen aller Art spielen; Kinder, die sich in Konflikten selbst schlagen oder sich in den Schrank sperren
- Kinder, die Hilfe, Fürsorge und Schutz demonstrativ und misstrauisch ablehnen und alles allein schaffen wollen
- Kinder, die sich schon im Kleinkindalter selbst versorgen mussten, die Essen stehlen und horten
- Kinder, die über Jahre von morgens bis abends reden, getrieben und unruhig sind, die Pflegemutter nicht aus den Augen lassen und ständig kontrollieren
- Kinder, die ihre Ängste abwehren, indem sie auf pflegeelterliche Reglementierung und auf Frustration mit verbaler und körperlicher Aggression reagieren wie: Anschreien und Schlagen der Pflegeeltern, Zerstören von Sachen

Diese kleine Auswahl an Fallvignetten stellt keine Extremfälle dar, sondern den Alltag in der Pflegekinderarbeit. Häufig wird Pflegeeltern und Professionellen im Pflegekinderwesen erst durch einen Blick in die Akten, durch Wissensvermittlung sowie durch konkrete Wertung der Biografie des verhaltensauffälligen Pflegekindes und des Verlaufes seiner Integration in der Pflegefamilie deutlich, dass es sich um ein traumatisiertes Kind handelt. Die beschriebenen biografischen Erfahrungen werden nicht immer angemessen gewürdigt, oft übersehen oder sogar umgedeutet; leider sind die Vorerfahrungen manchmal ganz oder teilweise unbekannt. Viele Pflegekinder haben aber traumatische Erfahrungen mit ihren leiblichen Eltern gemacht, von denen sie existenziell abhängig waren. Und wegen dieser existenziellen Abhängigkeit kleiner Kinder von ihren Eltern wurden die oben genannten Erfahrungen von den Kindern als existenziell bedrohlich erlebt.
Schwer fällt es sowohl Professionellen als auch Pflegeeltern, sich vorzustellen und nachzuvollziehen, dass auch ein Säugling in nur wenigen Tagen, Wochen oder Monaten so chronisch vernachlässigt oder misshandelt werden kann, dass er ein traumatisiertes Kind ist und sich lange Zeit in der Pflegefamilie mit seinen verinnerlichten Erfahrungen in Form von schlimmen Ängsten und ungesteuerten massiven Wutdurchbrüchen auseinandersetzt.

All diese Erfahrungshintergründe sind dann in Kategorien eines familiären Kindheitstraumas einzuordnen: chronische Vernachlässigung und Misshandlung; verwahrloste Lebensverhältnisse; seelische, körperliche und sexuelle Gewalt; Missbrauchserfahrungen; Involvierung in häusliche Gewalt mit Polizeieinsätzen; schutzlose dauerhafte Konfrontation mit schwer psychisch kranken oder schwer alkohol- und drogenkranken Eltern.

Was ist ein Trauma und wie kann es mit dem Pflegekind verarbeitet werden?

Gottfried Fischer und Peter Riedesser befassen sich in ihrem „Lehrbuch der Psychotraumatologie" (Fischer/Riedesser 2009) ausführlich mit der Definition des Begriffes „psychisches Trauma" und definieren ein Trauma: „... als ein vitales Diskrepanzerlebnis zwischen bedrohlichen Situationsfaktoren und den individuellen Bewältigungsmöglichkeiten, das mit Gefühlen von Hilflosigkeit und schutzloser Preisgabe einhergeht und so eine dauerhafte Erschütterung von Selbst- und Weltverständnis bewirkt". Dieser prägnante Halbsatz fasst klar und hilfreich das traumatische Geschehen und die entsprechenden Folgen für das Kind und resultierend für die Jugendhilfe zusammen. An anderer Stelle ihres Lehrbuches verweisen die Autoren im Zusammenhang mit dem psychischen Trauma auf ein „subjektives Erleben von Todesangst bzw. von Todesnähe".

Die Pflegekinderexperten Monika Nienstedt und Armin Westermann (2007) definieren das psychische Trauma von Pflegekindern wie folgt: „Von traumatischen Erfahrungen sprechen wir dann, wenn von Eltern die elementarsten Bedürfnisse des Kindes nicht wahrgenommen und respektiert werden und wenn das Kind von seinen Eltern überwältigt wird und sie dadurch als Schutzobjekt verliert." Damit betonen die Autoren den zentralen Punkt der kindlichen Abhängigkeit von seinen Eltern, die gerade bei jüngeren Kindern stets eine existenzielle Qualität besitzt. Besonders in Fällen frühkindlicher traumatischer Erfahrungen führt die Verknüpfung von Gefährdung und Abhängigkeit zu massiven existenziellen Ängsten, für die das Kind keinen Ausweg finden kann. Die erlebte und verinnerlichte Ohnmacht offenbart sich im Alltag der Pflegefamilie, aber auch in der psychologischen Diagnostik oder Therapie oft sehr konkret.

Der renommierte Traumatologe Bessel van der Kolk setzt sich in seinem Grundlagenwerk „Verkörperter Schrecken – Traumaspuren in Gehirn, Geist und Körper und wie man sie heilen kann“ (2018) für die Diagnose einer entwicklungsbezogenen Traumafolgestörung ein und stellt damit die Folgen des Traumas in Kategorien zusammen, die die Erfahrungen und Auffälligkeiten von vielen Pflegekindern sehr deutlich abbilden.

Bei Mehrfachtraumatisierungen von Pflegekindern sollte die zeitliche Abfolge und deren Auswirkung auf die Entwicklung beachtet werden (Hardenberg 2020a). Es kann zwischen dem primären, sekundären und tertiären Trauma unterschieden werden. Familiäres Fallbeispiel: primär Verwahrlosung im Säuglingsalter, sekundär häusliche Gewalt und tertiär sexuelle Gewalt.

Im Ergebnis seiner Forschungen und Praxiserfahrungen im Bereich der Psychotraumatologie zeigt Mathias Hirsch (2004), dass solche kindlichen traumatischen Erfahrungen in einer Beziehung (nämlich zu den Eltern) stattfinden und betont die traumatische Beziehungsabfolge: das Leugnen des Erwachsenen, die Nichtanerkennung der affektiven Qualität des Geschehenen und die Weigerung zur Auseinandersetzung damit, führe zur Konfusion und Verwirrung des Kindes. Es bewirke das „Verrücktwerden“ des Kindes an der erlebten, von den Erwachsenen jedoch verleugneten Realität.

Für die Jugendhilfe in Pflegefamilien lassen sich daraus wichtige Anforderungen und Chancen ableiten:

1) die traumatischen Erfahrungen nicht zu leugnen
2) die gefühlsmäßige Qualität für das Kind anzuerkennen und
3) bereit zu sein, sich mit diesen kindlichen Erfahrungen auseinanderzusetzen

An dieser Stelle erfolgt oftmals der Einwand, dass Pflegeeltern keine Kindertherapeuten seien. Das stimmt in der Regel, nur verwickeln traumatisierte Pflegekinder im Alltag die Erwachsenen in ein quasi-therapeutisches Geschehen: Wenn das Kind – zum Beispiel in bestimmten Situationen des Alltags in der Pflegefamilie – sich fühlt, als würde es wie früher wieder nichts zu essen bekommen, wieder schlecht behandelt oder wieder eingesperrt werden. Und genau dieses Geschehen bietet eine große Chance, wenn es erkannt und angenommen wird. Nienstedt und Westermann (2007) erklären dies mit Bezug auf die Forschungsarbeiten von Bruno Bettelheim und Peter Fonagy prägnant – nicht das Erinnern, nicht das Wiederbeleben in der Vorstellung, nicht das Aufdecken, nicht das Erzählen des Traumas sind das eigentlich Heilsame für das Kind, sondern das erneute Durchleben mit einem ganz anderen Resultat zur Neustrukturierung bzw. Integration in die Persönlichkeit des Kindes. Das neue Resultat ist dann die Annahme der Gefühle des Kindes wie Wut, Angst oder Verweigerung durch die Pflegeeltern und das gemeinsame Durchleben in der Pflegefamilie zur Ermöglichung einer korrigierenden Erfahrung des Pflegekindes.

Wenn das so ist, stellt sich die Frage, ob die Pflegeeltern die Situation annehmen oder nicht. Nehmen sie die Situation an, sind sie bereit, sich dem Kind und seinem Leid zuzuwenden bzw. sich mit seinen Traumafolgeproblemen auseinanderzusetzen. Der Hinweis auf das Nicht-Therapeuten-Sein ist in der Regel die Sorge, „therapeutisch“ falsch zu reagieren, oder der Wunsch, mit diesen Themen nicht konfrontiert zu werden, oder sich dieser Verantwortung nicht gewachsen zu fühlen. Natürlich soll die quasi-therapeutische Haltung nur für den Umgang mit Übertragungen bzw. mit Verhaltensauffälligkeiten eines traumatisierten Kindes gelten und nicht etwa den Großteil der Erziehung ausmachen (Hardenberg 2020b).
Es geht also im Ergebnis dieser Überlegungen nicht darum, dem Pflegekind lediglich eine „gute Welt mit schönen Möglichkeiten“ anzubieten bzw. seine Lebenswelten in ein gutes Heute in Abgrenzung zu früher zu gestalten. Sondern es geht darum, dem Kind zu helfen, sein Misstrauen, seine Unterstellungen, seine Angst und seine Wut im Hier und Jetzt der Pflegefamilie aufzunehmen, auszuhalten, durchzugehen und damit in der Wiederholung korrigierende Auflösungen und Erfahrungen zu kreieren. Monika Nienstedt (2008) beschreibt die Prozesse der Wiederholung traumatischer Erfahrungen in der Übertragungsbeziehung des Pflegekindes mit den Pflegeeltern klar und prägnant. Hilfreich sei es dabei, sich mit dem Erleben des Kindes zu verbünden, mitzuschwingen und die Gefühle des Kindes an- und aufzunehmen.

Der Anteil traumatischer Erfahrungen bei fremduntergebrachten Kindern

Im Bereich der Pflegekinder zeigen Untersuchungen, dass Pflegekinder eine „Hochrisikogruppe“ (Diouani-Streek 2015) darstellen mit einem Anteil von über 90 % an traumatischen Erfahrungen in der Vorgeschichte. Zu vergleichbaren Zahlen kommt das Gutachten des wissenschaftlichen Beirats des Familienministeriums (Scheiwe et al. 2016). Aufgrund länger andauernder Unterversorgung und Deprivation in den Herkunftsfamilien seien Pflegekinder mit 82 % bis 92 % potenziell traumatisierenden Belastungen weitaus häufiger ausgesetzt als Gleichaltrige in der Durchschnittsbevölkerung.

In dem bereits erwähnten grundlegenden Fachbuch über Pflegekinder (Nienstedt/Westermann 2007) formulierten die Autoren bereits im Jahr 1989 ein Modell zur Integration eines Kindes in eine Ersatzfamilie mit dem Ziel des dauerhaften Aufbaus einer neuen, intensiven und individuellen Eltern-Kind-Beziehung. Dieser Integrationsprozess stellt sich im sogenannten 3-Phasen-Modell mit Anpassung, Übertragung und Regression dar. Für die Begleitung, Beratung, Diagnostik oder Einschätzung ist dieser Integrationsansatz von entscheidender Bedeutung für das Gelingen von Pflegeverhältnissen. Bundesweit konnten sich in den zurückliegenden Jahrzehnten mehrere Zehntausend Pflegekinder mit diesen Prozessen trotz ihrer (teils hoch) schwierigen Biografien integrieren, erfreulich entwickeln, neue Bindungen und Beziehungen eingehen und vor allem seelisch gesunden.
Gelingt das Einordnen der Entwicklung des Kindes in das Integrationsmodell – zum Beispiel ob sein Misstrauen, seine Angst oder Wut einem Übertragungsgeschehen zugeordnet und entschlüsselt werden können –, so entwickelt sich oft ein besseres Verständnis für das Kind und seine Verhaltensweisen in der Pflegefamilie.
Die Autoren zeigen auf, wie sich der Erwachsene in das auffällige Kind einfühlen kann, indem er sich selbst fragt: „Was ist das Richtige, das Verstehbare an dem, was das Kind sagt oder tut?". Diese Frage geht von der Erkenntnis aus, dass das, was ein Kind tut, immer gute Gründe hat, die dem Kind oft nicht klar sind. Deshalb sei es wichtig, eine von Interesse geprägte Haltung dem Kind entgegenzubringen, um es verstehen zu können.

Aus den Arbeiten von Nienstedt und Westermann sollen an dieser Stelle noch zwei weitere wichtige Aspekte herausgestellt werden. Zum einen die Angstbindung des Kindes an die Eltern bzw. die angstmotivierte Überanpassung an die Eltern. Diese Erkenntnisse sind für Pflegeeltern und Fachkräfte insofern von hoher Bedeutung, weil es Kinder gibt, die von ihren Herkunftseltern schwer misshandelt wurden, sich im Umgangskontakt mit ihnen aber völlig unauffällig verhalten und aus der Beobachtung dieses Verhaltens des Kindes der falsche Schluss einer guten Eltern-Kind-Beziehung gezogen werden kann.

Weiterhin zeigen Nienstedt und Westermann in ihren Arbeiten, dass es in der Phase des jugendlichen Ablöseprozesses zu einer Wiederbelebung früherer Konflikte kommen kann. Sie beschreiben dies aber als eine weitere Chance für die Jugendlichen, um noch nicht gut oder unvollständig bewältigte frühe Erfahrungen in „einem zweiten Anlauf" zu verarbeiten. In der Praxis zeigt sich bei den meisten jugendlichen Pflegekindern die Wiederbelebung früherer Auffälligkeiten, die sowohl für den Jugendlichen als auch für die Pflegeeltern letztlich zu einem tiefergreifenden und hilfreichen Verständnis der Prozesse führt.

Im „Handbuch Traumapädagogik" (Weiß et al. 2016) erklärt Maud Zitelmann die Pflegekindschaft als eine Chance für traumatisierte Kinder und führt dazu aus, wie entlastend es für Pflegeeltern ist, wenn sie heftige Übertragungen des Kindes nicht auf sich beziehen, sondern den Erfahrungen des Kindes in der Herkunftsfamilie zuordnen können.

In der Diagnostik und Beratung von dauerhaft fremduntergebrachten Pflegekindern (Hardenberg 2018) sollten folgende Dimensionen abgeklärt und beachtet werden: Traumata, Bindungsstatus, Integrationsverlauf, Beziehungsverhalten, Verhaltensauffälligkeiten und auffällige emotionale Reaktionen, Biografieklärung, Perspektivklärung.
Dafür ist es sehr hilfreich, alle Information über das Kind tabellarisch geordnet nach Altersstufen zusammenzutragen (Ereignisse, Erfahrungen, Bezugspersonen, Aufenthaltsorte etc.). Insbesondere ist auch den sogenannten „frühen Erfahrungen des Kindes im Säuglingsalter" (Krankenhausaufenthalte, Verfassung der Eltern, wechselnde Lebensorte etc.) eine hohe Relevanz einzuräumen. Nicht außer Acht bleiben sollten ebenso die erzieherischen Haltungen und die Situation in der Pflegefamilie sowie die generellen Rahmenbedingungen (Verbleib, Umgang) und Zielsetzungen der dauerhaften Unterbringung.

Wenn ältere Kinder oder Jugendliche pädagogisch schwer bzw. kaum erreichbar sind, ihre Problematiken sich in allen Lebensbereichen zeigen und sich nicht verbessern bzw. sogar verschlechtern, sollte zusätzlich untersucht werden, ob sich eine Störung der Persönlichkeitsstruktur entwickelt (Kernberg et al. 2018; Hardenberg 2020c). Dann bedarf es nämlich der Kenntnis zusätzlicher Hilfen und Unterstützungen.

Welche Zusammenhänge von Biografie und Verhaltensauffälligkeiten kommen häufig vor?

Durch die jahrelange Zusammenarbeit des Autors mit Pflegeeltern, Pflegekindern und Beratern liegt inzwischen ein umfangreiches Wissen über die Zusammenhänge kritischer Erfahrungen des Kindes in der Herkunftsfamilie und seinen daraus resultierenden emotionalen Verhaltensauffälligkeiten in der Pflegefamilie vor. Fachkräfte im Pflegekinderwesen können dieses Wissen mit den oft kreativen Lösungen der Pflegeeltern, Pflegekinder und Berater ergänzen, zusammenstellen und weitergeben. Inzwischen liegt bei Experten im Pflegekinderwesen ein komplexes Fachwissen zum Umgang mit Verhaltensauffälligkeiten von Pflegekindern und deren Gesundungsprozesse vor. Insofern finden sich in den praktischen Ausführungen zum Konzept des guten Grundes in diesem Buch auch das Ringen und Finden von Lösungen der Pflegefamilien und ihrer Berater wieder.

Typische Entwicklungsverläufe bzw. Übergänge im Pflegekinderwesen[2]

- *„Die wilden Jahre“* → Phase mit Verhaltensauffälligkeiten und Integrationsphasen mit Anpassung, Übertragung, Regression
- *„Die Latenzphase“* → Phase abnehmender Verhaltensauffälligkeiten und Übertragungs- und Regressionsprozesse mit zunehmender Sicherheit und Normalität
- *„Die Phase der Wiederbelebung“* → Phase des jugendlichen Ablöseprozesses
- *„Das Erwachsenenalter“* → Phase der Verselbstständigung als erwachsenes Mitglied unserer Gesellschaft

In Ausführungen zu Verhaltensauffälligkeiten ist das Alter des Pflegekindes zu berücksichtigen. Neben den Auffälligkeiten in den Integrationsprozessen des jüngeren Pflegekindes ist die besondere Entwicklungsphase des jugendlichen Pflegekindes zu berücksichtigen. Mit Beginn des Ablöseprozesses des Jugendlichen von den Erwachsenen seines Umfelds zeigt sich, inwieweit er schwierige Erfahrungen aus seiner Herkunftsfamilie verarbeiten bzw. korrigierende Erfahrungen verinnerlichen konnte.

2 Hardenberg 2020b

Diese Ablöseprozesse zeigen sich bei fast allen jugendlichen Pflegekindern und weisen auf die Phase der Wiederbelebung früherer Übertragungsprozesse hin. Diese Entwicklung im Jugendalter bedeutet vor allem auch, dass der Integrationsverlauf und die Verarbeitungsprozesse positiv bewertet werden können (Nienstedt/Westermann 2007). Die Wiederbelebungsphase bei einem jugendlichen Pflegekind stellt eine weitere Chance dar, dass das Kind seine Geschichte verarbeiten und sich stabilisieren kann. Auch darüber kann mit dem Jugendlichen offen gesprochen werden.

Viele Verhaltensauffälligkeiten von Pflegekindern stehen im Zusammenhang mit Angst und Wut. Diese Themen sollen an dieser Stelle einführend besprochen werden.

Bei Ängsten im Kontext der biografischen Erfahrungen des Kindes[3] ist es für Pflegeeltern zunächst wichtig auszusprechen, dass sie die Angst wahrnehmen. Dann sollte die Angst nicht nur bzw. nicht sofort durch Aussagen wie „Du brauchst doch keine Angst zu haben“, beruhigt werden, sondern Pflegeeltern sollten sich zunächst für die Angst, die Gedanken und Fantasien des Kindes interessieren, auf sie einlassen und nachfragen. Wenn ein Kind beispielsweise von einem bösen Mann spricht, der kommen könnte, können die Pflegeeltern fragen: „Was denkst Du, was denn dann passieren könnte? Wer könnte dem Kind helfen?“ Denn erst, wenn ein Kind die Gefahr beschrieben hat, kann es glauben, dass die Pflegeeltern das Ausmaß der Gefahr verstehen und in der Folge das Kind schützen, verstehen und trösten können. Manche Kinder spielen oder zeichnen die Angst nach, um von den Pflegeeltern verstanden zu werden und Kontrolle zu erlangen.

Bei Wutreaktionen ist es genauso wichtig auszusprechen, dass man merkt und sieht, wie wütend das Kind ist. Wenn der Auslöser für die Wutreaktion klar ist und die Pflegemutter sagt: „Du denkst, dass Du jetzt eingesperrt wirst“, wird das Verwechseln von früher mit dem Hier und Jetzt deutlich. Die Pflegeeltern sollten im Hier und Jetzt die Wut des Kindes annehmen. Denn die Wut darf nicht „weggemacht“ werden, sondern in der Beziehung des Kindes zu einem annehmenden Erwachsen aufgenommen und gesteuert, später auch besprochen oder geklärt werden. Somit können sinnlose Machtkämpfe vermieden werden. Bei

3 Nicht immer liegen den Pflegeeltern und Beratern genaue Informationen über die Erfahrungen des Kindes in der Herkunftsfamilie vor. Dadurch können Entwicklung und Integration des Pflegekindes erschwert werden.

den Erwachsenen geht es oft auch darum, die eigenen Ohnmachtsgefühle zu lindern, indem sie die Situation nicht persönlich nehmen und über das Verständnis für das Kind für sich selbst eine Beruhigung erfahren. Zum Umgang mit Wutreaktionen von Pflegekindern kann folgende erste Orientierung hilfreich sein[4]: Ursachen erkennen – Auslöser verstehen – wohlwollende Annahme im Hier und Jetzt – auf die Folgen der Wut aufpassen – steuern. Vielen Kinder hilft es, wenn die Pflegeeltern zu ihnen stehen und das Ziel haben, gemeinsam mit dem Pflegekind an seiner Wut zu arbeiten. Ziel in dieser Entwicklung ist die „gekonnte Wut", die dem Kind und anderen nicht schadet.
So erschreckend die verinnerlichten biografischen Erfahrungen der Kinder und ihre Ängste, Wut und auffälligen Reaktionen im Alltag erscheinen, gehören sie doch zum erlebten Alltag dieser Kinder in Vergangenheit und Gegenwart. Kinder können sich von diesen Ängsten befreien bzw. von den traumatischen Erfahrungen nach und nach distanzieren. Sie können – auch wenn die Narben bleiben – eine erfreuliche Entwicklung nehmen und zu einer eigenverantwortlichen und gemeinschaftsfähigen Persönlichkeit heranreifen. Es ist immer wieder erstaunlich, welche guten Entwicklungen Kinder mit schrecklichsten Vorerfahrungen nehmen konnten. Dies ist vor allem dann möglich, wenn die Bedingungen des Pflegeverhältnisses keinen Stress verursachen und die Pflegeeltern und Professionellen die Traumata des Kindes würdigen und zusammen ein gutes Team bilden – ein Team im Sinne des Pflegekindes.

Woran können Pflegeeltern und Fachkräfte erkennen, welches Verhalten oder Reagieren auffällig bei einem Pflegekind ist und wie unterscheiden sich unter Umständen Pflegekinder von Nicht-Pflegekindern? Hinweise auf traumaassoziierte Verhaltensauffälligkeiten können zum Beispiel sein: die Inhalte der Auffälligkeit (z. B. Essen horten, automatisierte Schutzreaktionen, Selbstverletzung, Hass und Wut), die Intensität der Reaktionen; eine deutlich veränderte Mimik und Gestik; eine „Normalerziehung" führt nicht weiter bzw. zu keinen Lösungen, das Kind reagiert nicht darauf bzw. wird davon nicht erreicht; Erschrecken oder Sorgen der Pflegeeltern; verwirrende Angaben des Kindes.

4 In diesem Rahmen kann das komplexe Thema zum Umgang mit Wut bei Pflegekindern nur einführend behandelt werden. Zum einen gäbe es verschiedene Hilfen und Unterstützungsmöglichkeiten zu diskutieren, zum anderen ist das allgemeine Thema der Bedeutung der Wut in der kindlichen Entwicklung zu berücksichtigen und der Umgang mit Wut bei strukturschwachen Kindern (z. B. bei geistigen Einschränkungen ober bei schwerwiegenden Störungen in der Persönlichkeitsentwicklung) zu unterscheiden.

Eine wichtige Erkenntnis bestätigt sich immer wieder im Pflegekinderwesen: Traumatisierte Kinder entziehen sich in den Situationen, in denen alte beängstigende Erfahrungen aufkommen, der „Normalpädagogik" (Hardenberg 2020b).

Zu beachten ist im Weiteren, dass es schwer vorstellbar ist, dass ein Pflegekind sich bei Misshandlungserfahrungen in der Herkunftsfamilie über Jahre unauffällig und unproblematisch entwickelt. In diesem Fall wäre zu prüfen, ob das Kind – resultierend aus der grundsätzlichen Angst vor Erwachsenen – sich überangepasst verhält, sodass das unverarbeitete Trauma im Jugendalter eskalieren könnte. Dann wären über Jahre Chancen einer positiven Entwicklung verpasst worden.

Im Folgenden werden weitere exemplarische Verhaltensauffälligkeiten von Pflegekindern im Alltag der Pflegefamilie beschrieben, die Inhalt in Seminaren mit Pflegeeltern zum Konzept des guten Grundes waren und über die zehn Geschichten dieses Buches hinausgehen. Die Beschreibung und Erklärung des kindlichen Verhaltens soll Pflegeeltern unterstützen, eine hilfreiche Haltung gegenüber ihrem Kind zu entwickeln, und sind nicht Eins-zu-eins oder gar rezepthaft anwendbar.

Die Jugendamtsmitarbeiterin kommt zum Hausbesuch in die Pflegefamilie. Das Pflegekind versteckt sich. Welchen guten Grund könnte dies haben? Das Kind ist nach vielen Wechseln der Lebensorte endlich in einer Pflegefamilie angekommen, fühlt sich wohl, sieht seine Chance und ist im Bindungsaufbau und will bleiben. In einer anderen Konstellation könnte ein Pflegekind offensiv auf die Jugendamtsmitarbeiterin zugehen, zeigen, wie gut es ihm geht, dass der Kühlschrank gefüllt ist, dass alles sauber ist, dass es ein eigenes Bett und Spielsachen hat und es folglich überhaupt keinen Grund gibt, es aus der Pflegefamilie zu nehmen.

Ein Pflegekind fragt mehr als hundertmal am Tag die Pflegemutter: „Hast Du mich lieb?" Welchen guten Grund könnte dies haben? Mit jeder einzelnen Frage sagt das bindungsgestörte Kind, dass es Angst hat, nicht geliebt zu sein, und dass es sich absichern will. Das Kind hat massive Ablehnungserfahrungen, Vernachlässigung und Unsicherheit in der Herkunftsfamilie erlebt.

Die Pflegemutter muss immer wieder feststellen, dass das Pflegekind in Ecken uriniert oder Kot im Kinderzimmer versteckt. Möglicher guter Grund? Das Kind hatte in der Ursprungsfamilie keinen Zugang zur Toilette, weil es oft eingesperrt war. Im Rahmen der Übertragung findet bei dem Pflegekind in bestimmten Stimmungen oder Situationen in seinem Kinderzimmer eine perfekte Verwechslung von früher und heute statt.

Wenn der Pflegevater von der Arbeit nach Hause kommt, rennt ihm der vierjährige Pflegesohn entgegen, bringt ihm seine Hausschuhe und ist besonders lieb und nett zu ihm. Guter Grund? Der Pflegejunge möchte seinen Pflegevater in eine gute Stimmung versetzen und keinerlei Anlass für Ärger geben. Früher hatte er bei seinem leiblichen Vater erlebt, wie dieser betrunken nach Hause kam und randalierte.

Sehr bestimmend und kontrollierend geht das Pflegekind mit der Pflegemutter um: „Hast Du schon eingekauft?" – „Du musst den Schlüssel mitnehmen, wenn wir rausgehen!" – „Du musst stehen bleiben, die Ampel ist rot." Das Kind hat früher bei Eltern gelebt, die aufgrund schwerwiegender seelischer Erkrankungen, geistiger Einschränkungen oder chronischem Alkohol- und Drogenkonsum für das Kind versagende Eltern waren und es verwahrlosen ließen. Es übernahm früh Verantwortung, um seine Existenz durch die Stabilisierung der Erwachsenen zu sichern. In der Verarbeitung dieser Erfahrungen im Integrationsprozess überträgt das Kind solche Erfahrungen in das Hier und Jetzt der Pflegefamilie.
Das Pflegekind könnte andererseits angesichts einer Erkrankung der Pflegemutter sehr wütend auf sie werden, keine Rücksicht nehmen, extra auf eine Wunde der Pflegemutter hauen, weil es in der Übertragung Angst vor den Folgen einer krankheitsbedingten Schwächung der Pflegemutter hat und wütend reagiert (Wut als Angstabwehr).

Aufgrund von Misshandlung durch leibliche Eltern hat das Kind eine Schmerzunempfindlichkeit entwickelt und misstraut jetzt den Pflegeeltern immer wieder, dass sie ihm bei Schmerzen helfen werden, und lehnt ihre Hilfe ab. Andererseits ist das Pflegekind oft wehleidig in Situationen, in denen es sich z. B. nur sehr leicht gestoßen hat, und demonstriert Schmerzen. Mögliche gute Gründe? Wenn es große Schmerzen hat, will es das nicht zeigen, um nicht wieder enttäuscht zu werden. Wenn es nur sehr leichte Schmerzen hat, tut es so, als ob die Schmerzen viel größer wären. Dadurch testet es die Reaktion der Eltern auf Schmerz. Wenn dann die Pflegeeltern auch versagende Eltern wären und ihm nicht helfen würden, wäre es nicht so schlimm, weil das Kind ja keine ernsthaften Schmerzen hat. So können misshandelte Pflegekinder ihren Selbstheilungsprozess im Als-ob oder in einer Art Rollenspiel gestalten. Dies ist ein kluger Selbstheilungsweg eines misshandelten Kindes. Die Pflegeeltern sollten mit dieser Als-ob-Situation spielerisch und das Kind liebevoll versorgend umgehen.

Ein Kind stolpert beim Spaziergang mit den Pflegeeltern, fällt hin und schreit die Pflegeeltern wütend an, dass sie es geschubst und geschlagen hätten. Möglicher guter Grund? Das Hinfallen löst Erinnerungen und Wut gegenüber Erwachsenen aus. Wenn die Pflegeeltern dies nicht persönlich nehmen, sondern die Wut aufnehmen und vielleicht später dem Kind etwas Erklärendes dazu sagen, dann wird daraus eine korrigierende Erfahrung, die natürlich noch vieler Wiederholungen in verschiedenen Varianten bedarf.

In einem Alltagskonflikt mit den Pflegeeltern fängt das Pflegekind an, sich mit der Hand gegen die Stirn zu schlagen, oder kneift sich in den Arm. Das Kind traut sich nicht, Wut gegen Erwachsene zu richten, sondern richtet die Wut gegen sich. Zum einen, um die Wut abzuführen und zum anderen, um sich selbst aufgrund von biografisch bedingten Bestrafungs- oder Misshandlungsängsten auszubremsen.

Ruhe und Stille führen bei manchen Pflegekindern zu Unruhe, Aktionismus und Dauerreden. Ruhe und Stille bedeuten für dieses Kind nicht Geborgenheit und Verbindung, sondern Verlassenheit, Einsamkeit und Schutzlosigkeit. Somit sind ruhige und stille Situationen potenziell angstbesetzt und müssen abgewehrt werden (Angstabwehr).

Kritik und Niederlagen sind für einige Pflegekinder nicht zu ertragen und führen zu einem Gefühl der Vernichtung. Im Sinne der Angstabwehr und verzweifelten Suche nach Stabilisierung schlägt das Kind um sich, rastet komplett aus, zerstört Sachen und schlägt die Pflegeeltern. Es wird an Untergangsszenarien erinnert, denen es nur dadurch entfliehen kann, indem es zerstört bevor es zerstört wird.

Einnässen und Einkoten können bei Pflegekindern Hinweise darauf geben, dass sie noch starke regressive Wünsche an die Eltern haben, also im Sinne des Nachholens fehlender Erfahrungen wie ein jüngeres Kind gepflegt werden möchten.
Manche Pflegekinder verfügen biografisch über sehr schlechte Erfahrungen in der Reinlichkeitserziehung. Ein überlanges Bestehen auf Windeln kann auch durch den Wunsch nach Schutz des Körpers vor Gewalt geprägt sein. Fehlende Körperwahrnehmung oder schwere Ängste können ursächlich für Einnässen und Einkoten sein. Manche Kinder mit sexuellen Gewalterfahrungen koten ein, um sich für mögliche Täter unattraktiv zu machen.

Bei lauten Geräuschen im Alltag der Pflegefamilie versteckt sich das Kind unter dem Bett, sagt nichts und bewegt sich nicht. Die lauten Geräusche katapultieren das Kind innerlich in Zeiten zurück, in denen es in der Wohnung sehr laut, bedrohlich und gefährlich war, und es will sich schützen.

Ein Kind lässt immer einen Rest auf dem Teller – bei einer kleinen, einer mittleren und einer großen Portion. Die Frage der Pflegemutter: „Warum lässt Du eigentlich immer einen Rest auf den Teller?", kann es nicht beantworten. Jahre später sagt es von sich aus zu dieser offenen Frage: „Ich glaube, ich möchte mich nicht daran gewöhnen, dass immer genug da ist." In der Übertragung ein erschütternder Satz, denn es ist ein Leben mit einer angezogenen Handbremse bzw. mit der angstvollen Erwartung: „Eines Tages kriege ich wieder nichts zu essen von den Eltern." Und dies, obwohl das Kind lange Zeit die positive Erfahrung gemacht hat, dass es von den Pflegeeltern zuverlässig versorgt wurde. Hier zeigt sich deutlich, wie Übertragungen aus alter Zeit aktuell noch wirken und reaktiviert werden können und zudem keinen Anlass für Pflegeeltern bieten, das Geschehen persönlich zu nehmen.

In der Pflegefamilie blüht ein kleines Kind mit vernachlässigungsbedingten Entwicklungsdefiziten regelrecht auf. Es lernt Gefühle wie Lachen, Weinen, Wut, Freude auszudrücken und lernt in dialogischen Beziehungen mit den Pflegeeltern rasch das Sprechen. Das rasche Aufblühen in der geistigen, seelischen und körperlichen Entwicklung zeigt das eigentliche Potenzial des Kindes sowie vorherige Lebensverhältnisse mit starker Vernachlässigung bzw. Entwicklungsverwahrlosung.

Gegenüber der Pflegemutter verhält sich das Kind offen und zugewandt, lässt sich auf eine Beziehung mit ihr ein und sucht Versorgung, Hilfe und Schutz. Dem Pflegevater gegenüber geht das Pflegekind auf deutliche, teils demonstrative Distanz und versucht, die Pflegemutter in die Abwehr des Pflegevaters einzubeziehen. Fachlich kann hier eine Übertragung schlechter und beängstigender Erfahrungen mit Männern auf den Pflegevater stattfinden. Nimmt der Pflegevater es nicht persönlich, hält sich zurück und geht respektvoll mit den Ängsten im Kontext der Biografie des Kindes um, können korrigierende Erfahrungen entstehen und sich später irgendwann auch eine gute Beziehung zwischen Pflegekind und Pflegevater entwickeln.

Das kleine Pflegekind möchte nicht gekämmt werden, hat Panik vor der Wassertemperatur beim Baden, lehnt körperliche Pflege wie das Schneiden der Fußnägel ab oder das Badezimmer an sich ist stark angstbesetzt. Zu untersuchen sind auch hier biografische Erfahrungen des Kindes, um es gut zu verstehen und neue Erfahrungen zu ermöglichen.

Das bei Aufnahme schwer bindungsgestörte Kind kann sich aufgrund massiver Vernachlässigungserfahrungen lange Zeit zum Selbstschutz vor neuerlicher Ablehnung und Zurückweisung sehr distanziert und unnahbar den Pflegeeltern gegenüber verhalten. Oder das Kind klammert sehr an den Pflegeeltern und hat ständig panische Angst, verlassen und alleingelassen zu werden. Distanzlose oder distanzgeminderte Pflegekinder können von psychischer Elternlosigkeit geprägt sein. Manche Kinder können aufgrund schwerer Kränkungen ihrer kindlichen Grundbedürfnisse nur über Streit und Provokation Kontakt oder Nähe zu den Pflegeeltern herstellen, um ihre Angst vor erneuter Kränkung zu regulieren. Durch Unfallrisikoverhalten oder Waghalsigkeit versuchen manche Kinder bei den Pflegeeltern Fürsorge- und Schutzverhalten für sich auszulösen.

Wie kann Beratung Pflegeeltern und Fachkräfte unterstützen?[5]

Auf Basis der zuvor ausgeführten Theorien und Praxiserfahrungen wurden die nachfolgend beschriebenen Beratungskonzepte für das Pflegekinderwesen abgeleitet, die auch für Kinder und Jugendliche in Wohngruppen übersetzt und übertragen werden können.

Die Beratungskonzepte basieren auf der individualpsychologischen und individualpädagogischen Sicht auf das Kind, auf den Kenntnissen der Traumatologie sowie auf den Erfahrungen der Traumatherapie und Traumapädagogik. Insbesondere beziehen sich diese Beratungskonzepte auf die Arbeiten der Psychologen Monika Nienstedt und Armin Westermann zur Integrationstheorie und ihren jahrzehntelangen Erfahrungen und Erkenntnissen in der Begleitung von Pflegefamilien (Nienstedt/Westermann 2007).
Angereichert wurde dieses Wissen durch die über 25-jährige Beratung von Pflegekindern, Pflegeeltern und Fachkräften, die sich vertrauensvoll mit ihren Sorgen, Ängsten und Schwierigkeiten, aber auch eigenständigen kreativen Lösungen und Erkenntnissen an den Autor und He-

5 Hardenberg 2002, 2006

rausgeber dieses Buches wandten. Zudem sammelte sich in vielen Tagesseminaren und Supervisionsgruppen mit über 500 Veranstaltungen für Pflegeeltern und Fachkräfte ein umfangreiches Wissen über den Alltag von Pflegefamilien, notwendige Rahmenbedingungen und hilfreiche Lösungen und Unterstützungen an. Den über 2.000 Pflegekindern in Therapie, Beratung und Diagnostik gilt an dieser Stelle ein ganz besonderer Dank für ihr Vertrauen und für die Einblicke in ihr Denken, Fühlen und Handeln, vor allem aber auch in ihre innere Not als misshandelte Kinder.

Beratungskonzepte für das Pflegekinderwesen

- Konzept des guten Grundes
- Konzept der Biografieklärung
- Konzept der kritischen Distanzierung
- Konzept der Perspektivklärung

Mit dem **Konzept des guten Grundes** wird hinter den Verhaltensauffälligkeiten und ungewöhnlichen emotionalen Reaktionen des Pflegekindes das aufgrund seiner Biografie Verstehbare erforscht und im Umgang mit dem Kind gewürdigt. Dem Kind werden die Ursachen für seine Schwierigkeiten im alltäglichen Umgang gespiegelt, sodass das Kind sich richtig verstanden fühlen kann. Denn die Auffälligkeiten im zwischenmenschlichen Alltag der Pflegefamilie weisen aus Sicht des Kindes auf einen verständlichen guten Grund hin und stehen maßgeblich in Zusammenhang mit den Erfahrungen in der Herkunftssozialisation. Sie werden in der Regel in spezifischen Situationen im Hier und Jetzt ausgelöst, reaktiviert und übertragen. Diesen Prozess gilt es anzunehmen und auf dieser Basis zu handeln sowie erklärend und steuernd mit dem Kind zu sprechen. Gleichzeitig bedeutet das Konzept des guten Grundes aber nicht, dass ein Kind für sein Verhalten keine Verantwortung übernehmen muss oder dass mithilfe der Erwachsenen keine Wiedergutmachung erfolgen sollte.
In der Regel dienen auffällige Reaktionen der Kinder ihrer seelischen Regulation bzw. der Angstabwehr angesichts verinnerlichter Ohnmacht und Hilflosigkeit im Kontext eines starken Misstrauens. Insbesondere bei misshandelten und/oder schwer bindungs- und beziehungsgestörten Kindern können die psychischen Auffälligkeiten einen Verarbeitungsprozess mit korrigierenden Erfahrungen in Gang bringen. Dieser Verlauf stellt dann einen vom Kind eingeleiteten Selbstheilungsprozess dar und kann zu einer erstaunlichen und erfreulichen Entwicklung führen, in der das Kind die Traumatisierung überwinden bzw. bewältigen kann. Wenn Pflegeeltern mit dem traumatisierten Kind durch diese besonderen Prozesse gehen, die Gefühle des Kindes aufnehmen, aushalten und steuern und das Pflegekind gleichzeitig verstehen, dann entstehen Integration, Bindung und Gesundung.
Vielfach ist das schwer zu verstehende und ungewöhnliche Verhalten des Kindes im Alltag der Pflegefamilie eigentlich die Schutzstrategie des Kindes aus der Zeit, in der es in der Herkunftssozialisation geschädigt wurde. Diese Schutzstrategie diente früher dazu, überwältigende Ängste abzuwehren oder zu regulieren, und wird in spezifischen Alltagssituationen im Hier und Jetzt in der Pflegefamilie reaktiviert.

Vom **Konzept der Biografieklärung** ist zunächst die Biografiearbeit abzugrenzen. Diese Aufarbeitung der Lebensgeschichte des Kindes findet jeden Tag in der Pflegefamilie durch korrigierende Erfahrungen des Kindes mit den Pflegeeltern, durch Annahme der Übertragungen (Nienstedt/Westermann 1989) oder durch Umgang mit den Verhaltensauffälligkeiten nach dem Konzept des guten Grundes statt. Biografiearbeit setzt nicht eine Einbeziehung der Verursacher in die Verarbeitungsprozesse voraus – vgl. „Erkenntnisse von Bindungs- und Traumaforschung – ihre Bedeutung und Umsetzung im Pflegekinderwesen“ (Zenz 2004).

Biografieklärung hingegen meint, dass dem Kind alters- und entwicklungsgerecht erklärt wird, warum es nicht in der Herkunftsfamilie aufwächst, sondern dauerhaft in einer Pflegefamilie lebt. Dem Kind sollten Gründe und Anlass der Inobhutnahme[6] durch das Jugendamt oder im Zuge der Abgabe durch die leiblichen Eltern verstehbar und kindgerecht erklärt werden. Vielfach erfährt das Kind lediglich, dass die leiblichen Eltern „zu jung, zu arm, zu krank oder zu überfordert“ waren. Dies sind aber keine konkreten Beschreibungen oder Erklärungen, sondern globale Interpretationen von Erwachsenen für Erwachsene, die das Kind so nicht in Zusammenhang mit seiner erlittenen Not und seinen Ängsten bringen kann. Im inneren Erleben wird es einem Kind, das vernachlässigt oder misshandelt worden ist, in dieser Zeit sehr schlecht er-

6 Die Erklärungen für das Kind anlässlich der Inobhutnahme sind von hoher Bedeutung für den weiteren Verlauf der Hilfen. Es ist zu empfehlen, diese Erklärungen in einer gesonderten Rubrik im Hilfeplan genau zu protokollieren. Es kommt vor, dass das Kind verwirrende Erklärungen erhält (z. B. Zeit der Inobhutnahme als längere Urlaubszeit für das Kind etc.) und Irritationen mit daraus resultierenden Schwierigkeiten hinsichtlich weiterer Übergänge die Folge sind.

gangen sein, es wird unter Mängeln und existenziellen Ängsten gelitten haben. Vielfach hat auch das Jugendamt festgestellt, dass es nicht verantwortbar gewesen wäre, wenn das Kind so weiter aufwachsen würde. Genau das sollte mit dem Kind vorsichtig und angemessen, aber ebenso klar besprochen werden (beispielhaft auch in den illustrierten Geschichten dieses Buches). Der Familienrechtler Ludwig Salgo (2012) kritisiert, dass manche glauben, Kinder hätten ohne ihre leiblichen Eltern keine Perspektive und beschreibt das als einen großen Irrglauben. Denn auch Personen, die nicht leibliche Eltern seien, könnten mit Bezug auf die Bindungsforschung „sehr, sehr wichtige Bezugs- und Bindungspersonen für Kinder sein".

Mit dem **Konzept der kritischen Distanzierung** ist gemeint, dass es einem Kind erlaubt sein muss, sich von den schädigenden Erfahrungen und in diesem Fall von den Handlungen der leiblichen Eltern angemessen abgrenzen zu dürfen und mit dieser Abgrenzung von den Pflegeeltern auch unterstützt und angenommen wird. Wenn man diese Form der Distanzierung nicht zulässt, gar beschönigt oder bagatellisiert, kann das Kind seine heutigen Ängste und Schwierigkeiten nicht mehr einordnen bzw. seinen früheren Erfahrungen nicht mehr zuordnen. Dem Kind wird die Voraussetzung genommen, die Ursache für seine Ängste oder sein Leid in seinen Erfahrungen zu erkennen. Dies verwirrt das Kind und es wird in seiner Entwicklung blockiert.

Das **Konzept der Perspektivklärung** meint, dass mit dem Kind konkret über die Dauer und das Ziel der Fremdunterbringung gesprochen werden soll. In der Pflegefamilie ist vielfach die Frage des kleinen Kindes „Für immer ...?" typisch. Für alle Beteiligten soll die Perspektive des Pflegekindes klar und eindeutig sein. Nämlich, dass das Kind Bindungen zu den Pflegeeltern aufbauen, korrigierende Erfahrungen machen und dauerhaft bei ihnen aufwachsen kann.

Im Fazit: Es zeigt sich ein typischer Selbstheilungsprozess von Kindern und Jugendlichen in Pflegefamilien – sie wollen ankommen, es schaffen, wollen leben, wollen mithalten können, nach vorne schauen, einen sicheren Platz finden, Spannung und Ängste abbauen und Sicherheit und Vertrauen aufbauen. Sie sind bereit für einen Neuanfang – sie passen sich anfangs an, übertragen alte Erfahrungen in die neue Lebenssituation und haben regressive Wünsche der Nachreifung (Nienstedt/Westermann 2007). Im Rahmen der Selbstheilung leiten die meisten Kinder solche Prozesse selbstständig ein. Wichtig ist, dass Pflegeeltern und Fachkräfte dies verstehen und geschehen lassen, es aber auch mit dem Kind klären. Sich auf diese Prozesse mit dem Kind einzulassen kann zu erfreulichen Entwicklungen führen[7].

Pflegekinder mit einer Alkoholschädigung (FASD) oder mit einer geistigen Behinderung

In Ergänzung der Diagnostik eines fetalen Alkoholsyndroms bei Pflegekindern und der Empfehlungen zum Umgang mit diesen geschädigten Kindern (vgl. Literaturauswahl zu FASD[8]) ist zu beachten, dass diese Pflegekinder in der Herkunftsfamilie häufig zusätzlich auch von Vernachlässigung, Verwahrlosung und Gewalt im Sinne einer Misshandlung betroffen sein können. Dieses gilt es zu würdigen, um eine individuelle Förderung des Kindes zu ermöglichen.

Denn der pädagogische Anspruch bei diesen Pflegekindern gleicht oft einer Gratwanderung mit den typischen Fragen: Welche Auffälligkeit ist traumabedingt und welche geprägt durch FASD oder beides? Die vielen Erfahrungen zeigen, dass Pflegeeltern und Berater dies durch den alltäglichen Umgang mit dem Kind oft gut und recht sicher erkennen und unterscheiden können. Natürlich fällt es Kindern mit den durch FASD oder geistige Behinderungen verursachten Einschränkungen viel schwerer, aus Erfahrungen zu lernen und das Gelernte auch stabil zu verinnerlichen. Dabei sind neben dem Verständnis nach dem Konzept des guten Grundes auch Hilfen durch äußere Rahmen für haltlose Kinder und Jugendliche sinnvoll und notwendig. Diese beiden Ansätze sollten in einer für das Kind passenden, angemessenen Form verbunden werden.

7 Vgl. Sozialgesetzbuch Achtes Buch (SGB VIII) Kinder- und Jugendhilfe: § 1 (1) „Jeder junge Mensch hat ein Recht auf Förderung seiner Entwicklung und auf Erziehung zu einer eigenverantwortlichen und gemeinschaftsfähigen Persönlichkeit."

8 Falke/Stein 2018; Thomsen et al. 2018

Behinderung und Trauma

Gastbeitrag von Patrick Werth und Doris Buitinck

Das Vorliegen einer geistigen Behinderung schützt nicht vor traumatischen Erfahrungen. Im Gegenteil erleiden Kinder mit einer geistigen Behinderung überdurchschnittlich oft Traumatisierungen. Behinderungen gehen oft einher mit schweren Krankheiten, langen Krankenhausaufenthalten und schmerzhaften medizinischen Eingriffen. Kinder können dies insbesondere dann als traumatisch erleben, wenn sie alleingelassen wurden. Viele Behinderungen resultieren zudem aus gewalttätigen Angriffen, Schütteln oder Nicht-Akzeptieren der Behinderung und der damit verbundenen schweren emotionalen Vernachlässigung oder Misshandlung. Kinder mit Behinderungen verfügen häufig noch weniger als andere Kinder über ausreichende individuelle Bewältigungsstrategien, um die Bedrohung langfristig konstruktiv bearbeiten zu können. Ein Grund dafür ist auch, dass der emotionale Austausch durch die Behinderung des Kindes erschwert sein kann, da Kinder mit einer Behinderung häufig andere Wege zum Senden und Empfangen von Signalen verwenden. Kinder mit Behinderungen in Pflegefamilien brauchen daher in besonderer Weise Erwachsene, die sie nicht auf die Behinderung reduzieren, sondern sie auf dem Hintergrund ihrer Lebensgeschichte verstehen können. Die Erwachsenen müssen auf eine sehr individuelle Weise mit den Kindern in Beziehung treten und sich als feinfühlig, vertrauensvoll und zuverlässig erweisen, um so kompetent die Beeinträchtigungen der Kinder auszugleichen.

Wie kann die Traumapädagogik unterstützen?

Wilma Weiß hat eine Vielzahl fundierte wissenschaftliche wie praxisbezogene Fachbücher und Artikel veröffentlich, die von hoher Bedeutung für den Umgang mit traumatisierten Kindern und Jugendlichen sind. Die Pädagogik der Selbstbemächtigung (Weiß et al. 2016) räumt der Würde und der Anerkennung des traumatisierten Kindes eine zentrale Bedeutung ein, die zu einer Haltung des Respekts gegenüber dem Kind führt. Weiß betont mit Struck (2014) die Notwendigkeit, „Verstehen und Verständigung mit Kindern in den Mittelpunkt der Praxis" zu rücken. So gebe die „Annahme des guten Grundes" dem Kind die Würde zurück. Dieser Satz bestätigt sich im Alltag mit Pflegekindern seit vielen Jahren und wird vor allem von den Kindern und Jugendlichen, die in der Verarbeitung ihrer traumatischen Erfahrungen schon fortgeschritten sind, genauso erlebt.

Weiter greift Weiß (2016) den Vorschlag von Luise Reddemann auf „... unbeirrbar an der Idee festzuhalten, dass Menschen, wie beschädigt sie auch sein mögen, in sich sehr viel mehr Weisheit und Wissen über sich haben, mehr jedenfalls als wir als anderer Mensch je für ihn oder für sie haben könnten".

Immer wieder wird dies durch Äußerungen von den Pflegekindern, für die dieses Buch geschrieben wurde, bestätigt. Sie sind „Wahrnehmungsweltmeister", denken in vielseitigen Perspektiven[9]. Immer wieder ist es erstaunlich, zu welchen Analysen Kinder fähig sind (z. B. ein traumatisierter achtjähriger Junge: „Meine früheren Eltern hätten als kleine Kinder auch Hilfe gebraucht – wie ich jetzt bei meinen Pflegeeltern – dann wäre das alles mit mir so nicht passiert").

Claudia Schirmer führt zur Entwicklung der traumapädagogischen Standards (Weiß et al. 2016) aus, dass die Suche nach dem guten Grund zwei hilfreiche Effekte zeigt. Zum einen führe diese Suche zu entwicklungsförderlichen Deutungen, zum anderen reduziere sie Negativdeutungen. Leider werden Pflegekinder aber von verschiedensten Seiten durchaus mit solchen negativen Erklärungen konfrontiert, was ihnen

9 Vgl. Konzept des Mentalisierens bei Kindern und Jugendlichen, das die Fähigkeit meint, mentale Zustände wie Gedanken und Gefühle im eigenen Selbst und in anderen zu verstehen (Taubner 2015; Schultz-Venrath/Grieser/Müller 2019)

nicht hilft, sondern sie stattdessen verunsichert und denken lässt, dass sie falsch oder gar verrückt seien.

Die Standards für traumapädagogische Konzepte in der stationären Kinder- und Jugendhilfe (Positionspapier der BAG Traumapädagogik, Lang et al. 2013) erläutern und ergänzen die ausgeführte notwendige Grundhaltung gegenüber dem Pflegekind in fünf Punkten:

1) Die Annahme des guten Grundes „Alles, was ein Mensch zeigt, macht einen Sinn in seiner Geschichte."
2) Wertschätzung – „Es ist gut so, wie Du bist."
3) Partizipation – „Ich traue Dir was zu und überfordere Dich nicht."
4) Transparenz – „Jeder hat jederzeit ein Recht auf Klarheit!"
5) Spaß und Freude – „Viel Freude trägt viel Belastung!"

Exemplarisch für die Gestaltung ambulanter Psychotherapie mit traumatisierten Pflegekindern oder Wohngruppenkindern bei approbierten Kinder- und Jugendlichenpsychotherapeuten oder Traumapädagogen in Beratungsstellen oder Praxen wird auf die umfangreichen Lehrbücher von Markus Landolt und Thomas Hensel (2012) sowie Michaela Huber (2015) verwiesen.

Welche Tradition hat die individualpsychologische und -pädagogische Sicht auf vernachlässigte und misshandelte Kinder?

Das Kind in den Mittelpunkt zu stellen, es zu verstehen, anzunehmen, seine Erfahrungen zu würdigen und in der Rolle des Erwachsenen den Weg mit ihm zu gehen, hat eine lange Tradition in Pädagogik und Psychologie.
Der Pädagoge Friedrich Fröbel führte bereits 1826 in seinem Werk „Die Menschenerziehung" aus, wie wichtig es für Eltern und Erzieher ist, die „gewissen Gründe" und die Wahrheit des Kindes herauszufinden und zu berücksichtigen. Weiter schrieb er: „... der Erwachsene muss sich mit dem Kind auf den Weg machen um herauszufinden, was seine speziellen Begabungen, seine Berufung im Leben ist." Ein generelles Plädoyer, das als Grundhaltung noch heute auch auf Pflegeeltern und Fachkräfte übertragbar ist, nämlich sich auf die Suche nach den Gründen des Kindes zu begeben.

Der Heilpädagoge Paul Moor veröffentlichte 1969 die von ihm entwickelten „Heilpädagogischen Grundregeln", die im Verstehen und Begleiten von Kindern von richtungsweisender Bedeutung sind (Saroka 2014). Eine Grundregel lautet „Erst verstehen, dann erziehen" und bedeutet für die Jugendhilfe, dass man erst die guten Gründe erkennen muss, bevor man dem Kind erzieherisch begegnet. „Nicht gegen den Fehler, sondern für das Fehlende" bedeutet für Kinder zum einen, dass sie verstanden werden müssen. Und zum anderen ist es für eine positive Entwicklung entscheidend, dass hinter dem Problem die eigentlichen Bedürfnisse anerkannt und befriedigt werden. Das bedeutet folglich, dass ein Prozess der Nachentwicklung begleitet werden soll.

Von besonderer Bedeutung ist in der Pädagogik Moors der innere Halt. Kinder, die keinen inneren Halt besäßen, bräuchten Erwachsene, die selbst einen inneren Halt besäßen und ihnen, den Kindern, diesen inneren Halt gäben. Dieser könne sich durch Strukturen, Lebensfreude, Hilfe bei der Lebensgestaltung und Alltagsbewältigung entwickeln.

Die Reformpädagogin Maria Montessori schrieb 1931 und 1965 über die Entwicklung und das Verstehen des Kindes (Montessori 2014, Montessori et al. 2017): „Das Kind zeigt es und weist den Weg: Er besteht darin, zu leben!" An anderer Stelle: „Wie wächst nun das Kind und baut eine individuelle Persönlichkeit auf? Nun, das Kind selbst kann es uns zeigen." Dies zeigt sich auch in den Entwicklungsprozessen vieler Pflegekinder. Alle haben einen großen Lebenswillen, wollen es im Leben schaffen und zeigen uns, welche Bedürfnisse, aber auch inneren Nöte, Ängste und Unsicherheiten sie in sich tragen.

Der „revolutionäre" Pädagoge Alexander Sutherland Neill setzte sich 1969 kritisch mit der „Normalerziehung" (Neill 2014) auseinander, diskutierte aus seiner Sicht kindliche Verhaltensauffälligkeiten wie Lügen, Stehlen, Moral, Benehmen, Kriminalität und nahm dabei biografische Ursachen als Grund an. Zum kindlichen Lügen analysierte er beispielsweise: „Ein Kind, das lügt, hat entweder vor den Eltern Angst, oder es ahmt sie nach." Dies sind nach wie vor wichtige Überlegungen hinsichtlich kindlicher Verhaltensauffälligkeiten in der Jugendhilfe.

Im Jahre 1951 veröffentlichte August Aichhorn seine Vorträge über Kinder und Jugendliche mit Verwahrlosungserfahrungen (Aichhorn 1994) und schrieb: „Die Behebung der Verwahrlosung ist ohne vorherige Ergründung der sie bedingenden Ursachen eine Zufallsleistung. Die erste

Aufgabe einer systematisch vorgehenden Fürsorgeerziehung ist daher in der Aufsuchung der Verwahrlosungsursachen gegeben." An anderer Stelle führte er aus, dass es auch in der Fürsorgeerziehung zu Übertragungen komme. So belegte Aichhorn: „Die Behandlung des Verwahrlosten ist ihrem Wesen nach eine Nacherziehung."

Das „Prinzip der emotional korrigierenden Erfahrung" wurde von Franz Alexander im Jahr 1946 beschrieben (Melcher 2013). Alexander stellte diesen Prozess anhand der Erwachsenentherapie dar. Der Patient reagiere so auf den Therapeuten, als wäre dieser eine wichtige Person aus der Vergangenheit und der Therapeut setze dann seine Haltung gegen die Haltung der wichtigen Person aus der Vergangenheit.

Basierend auf den umfangreichen Erfahrungen im Alltag an einer therapeutischen Schule für Kinder mit emotionalen Störungen, asozialem Verhalten und Lernschwierigkeiten beschrieb im Jahre 1950 der Psychoanalytiker Bruno Bettelheim seine therapeutischen Ansätze und Haltungen (Bettelheim 2007). Um „Ordnung in die Persönlichkeit des Kindes" zu bringen, müsse es in einem „Integrationsprozess" erfahren, dass es „im Gegensatz zu seinen früheren Erfahrungen" erleben kann, dass „diese Welt angenehm sein kann" und ergänzt „... aber wenn das Kind Ordnung ins Chaos bringen soll, muss es vorher die Erfahrung des Lebens in einer geordneten Welt gemacht haben". Diese Erfahrungen können gut vorbereitete und geschulte Pflegefamilien anbieten und dem Pflegekind damit solche Integrationsprozesse ermöglichen.
Im Jahre 1987 veröffentlichte Bettelheim ein umfassendes Erziehungsbuch und veranschaulichte gute Gründe für Verhaltensauffälligkeiten von Kindern angesichts ihrer früheren Erfahrungen: „Wenn wir also von der Überzeugung ausgehen, daß unser Kind für sein Verhalten gute Gründe hatte, können wir annehmen, daß es [...] seiner Ansicht nach nur so reagieren konnte" (Bettelheim 1987).

Abwehrmechanismen nach Anna Freud[10]

Für die Erziehung, Begleitung und Förderung traumatisierter Kinder ist das Lebenswerk Anna Freuds bis heute von grundlegender und richtungsweisender Bedeutung. Sie verfügte u. a. über pädagogische Erfahrungen mit hungernden Kindern in Wien, arbeitete psychoanalytisch mit schwer traumatisierten Kriegskindern sowie mit einer aus dem Konzentrationslager Theresienstadt in London aufgenommenen Kindergruppe (Freud/Burlingham 1971).

Nach Anna Freud ermöglicht es die Übertragung des Kindes, einen Zugang zu seiner Biografie zu erhalten. „Daß diese Regungen Wiederholungen und nicht Neuschöpfungen sind, macht sie eben in höchstem Maße dazu geeignet, uns Kenntnisse über die vergangenen Gefühlserlebnisse des (kindlichen) Patienten zu vermitteln." Ein zentraler Teil ihrer Forschungen bezog sich auf die Abwehrmechanismen, die heute noch von großer Bedeutung auch für das Verständnis von Kindern in Pflegefamilien sind.

Ein Abwehrmechanismus bezeichnet seelische Vorgänge, die dazu dienen, innerseelische oder zwischenmenschliche Konflikte zu regulieren, um sich Entlastung zu verschaffen. Abwehrmechanismen dienen aber auch dazu, Ängste abzuwehren oder zu regulieren, um von den Ängsten nicht überwältigt zu werden oder zu bleiben. Typische Angstabwehrmechanismen, die auch bei dauerhaft fremduntergebrachten Kindern oft eine Rolle spielen, sind: Verdrängung, Verleugnung, Vermeidung, Verschiebung, Spaltung, Projektion, Identifikation mit dem Aggressor, Rationalisierung, Regression, Autoaggression, Entwertung und Idealisierung, Somatisierung.
Mit Bezug auf das heutige Pflegekinderwesen sollen das Prinzip der Regression und das der Autoaggression nach Anna Freud kurz aufgezeigt werden. Die Regression ist ein Rückschritt in die frühkindliche Entwicklungsphase, wenn unbefriedigte Wünsche aktiviert werden (vgl. S. 11: Vorlesegeschichte zur Regression „Joel und der Schnuller"). Anna Freud definiert die Regression: „Kranke Kinder sind in fast allen Fällen regredierte Kinder, und die Umwelt hat recht, sie nicht ihrem Alter gemäß, sondern ihrem Benehmen und Bedürfnissen gemäß wie Kleinkinder zu behandeln" (vgl. Freud 2003).
In der Autoaggression wird Wut gegen die eigene Person gerichtet und somit nicht gegen die Person, der sie eigentlich gilt, um diese Beziehung nicht zu beeinträchtigen bzw. um keine Strafen auf sich zu ziehen.

Im Fazit: All diese Sichtweisen des Verstehbaren und des Begründbaren in der Individualsicht auf die Erfahrungen und Entwicklung geschädigter Kinder entsprechen deren inneren Wahrheiten. Dies war, ist und wird immer zentral sein für die Gestaltung der Hilfen für diese so betroffenen Kinder.

10 Freud 1936; Freud/Burlingham 1971; Leichsenring 2006

Literatur

Aichhorn, August (1994): Verwahrloste Jugend: die Psychoanalyse in der Fürsorgeerziehung; zehn Vorträge zur ersten Einführung. 10., unveränd. Auflage, 1. Nachdr. Bern: Huber.

Bettelheim, Bruno (1987): Ein Leben für Kinder: Erziehung in unserer Zeit. Frankfurt am Main, Wien: Büchergilde Gutenberg.

Bettelheim, Bruno (2007): Liebe allein genügt nicht: die Erziehung emotional gestörter Kinder. 2. Auflage in dieser Ausstattung. Stuttgart: Klett-Cotta.

Diouani-Streek, Mériem (2015): Kontinuität im Kinderschutz – Perspektivplanung für Pflegekinder: Reihe Jugend und Familie. Berlin: Lambertus.

Falke, Susanne/Stein, Sabine (2018): Ein (Pflege-)Kind mit FASD – und glücklich! Ein pädagogisch-therapeutischer Wegweiser. 2. überarbeitete Auflage. Idstein: Schulz-Kirchner.

Fischer, Gottfried/Riedesser, Peter (2009): Lehrbuch der Psychotraumatologie. Mit 20 Tabellen. 4., aktualisierte und erw. Auflage. München: Reinhardt (= UTB Medizin, Psychologie 8165).

Freud, Anna (1936): Das Ich und die Abwehrmechanismen. Ungekürzte Ausg., 22. Auflage. Frankfurt am Main: Fischer Taschenbuch Verlag (= Fischer Taschenbuch Geist und Psyche 42001).

Freud, Anna (2003): Wege und Irrwege in der Kinderentwicklung. 7. Auflage. Stuttgart: Klett-Cotta Verlag.

Freud, Anna/Burlingham, Dorothy (1971): Heimatlose Kinder. Frankfurt am Main: S. Fischer Verlag.

Fröbel, Friedrich (1826): Menschenerziehung. Online unter: http://www.froebelweb.de/index.php/friedrich-froebel-leben-werk-wirkung-nachwirken/froebels-schaffen/menschenerziehung.

Hardenberg, Oliver (2002): Traumatisierte Kinder erziehungsunfähiger Eltern. Niedersächsisches Landesjugendamt (17.–18.04.2002/29.–30.01.2003). Unveröffentlichtes Vortragsmanuskript. Evangelische Akademie Loccum.

Hardenberg, Oliver (2006): Konsequenzen für die Pflegeeltern – Übertragung traumatischer Bindungs- und Beziehungserfahrungen in die Pflegefamilie, Anforderungen und notwendige Unterstützung. In: Bindung und Trauma – Konsequenzen in der Arbeit für Pflegekinder. 2. Auflage 2008. Idstein: Schulz-Kirchner Verlag. S. 85ff.

Hardenberg, Oliver (2018): Wie erlebt das Pflegekind die Pflegefamilie? Vortrag auf dem Tag des Kindwohls 2018. Online unter: https://www.stiftung-pflegekind.de/fileadmin/templates/szwdpk/media/Stiftung_Pflegekind/Tage_des_Kindeswohls/2018_Holzminden/Vortraege/Vortrag_Hardenberg.pdf.

Hardenberg, Oliver (2020a): Trauma und Retraumatisierung. Unveröffentlichtes Vortragsmanuskript. Landesjugendamt Sachsen-Anhalt.

Hardenberg, Oliver (2020b): Müssen Pflegekinder auch erzogen werden? „Normale“ Erziehung in der Pflegefamilie versus Umgang mit Übertragungen. Unveröffentlichtes Vortragsmanuskript. Münster.

Hardenberg, Oliver (2020c): Pädagogisch schwer oder kaum erreichbar? Kinder und Jugendliche mit Störungen der Persönlichkeitsentwicklung in der Jugendhilfe. Unveröffentlichtes Vortragsmanuskript. Münster.

Hirsch, Mathias (2004): Psychoanalytische Traumatologie – das Trauma in der Familie: psychoanalytische Theorie und Therapie schwerer Persönlichkeitsstörungen. Stuttgart: Schattauer.

Huber, Michaela (2015): Trauma im Kindesalter und die Folgen. www.michaela-huber.com/vortraege-folien

Kernberg, Paulina F./Weiner, Alan/Bardenstein, Karen (2018): Persönlichkeitsstörungen bei Kindern und Jugendlichen. 4. Auflage Stuttgart: Klett-Cotta.

Landolt, Markus/Hensel, Thomas (Hg.) (2012): Traumatherapie bei Kindern und Jugendlichen. 2., aktualisierte und erw. Auflage. Göttingen, Bern, Wien: Hogrefe.

Lang, Birgit/Schirmer, Claudia/Lang, Thomas/Andreae de Hair, Ingeborg/Wahle, Thomas/Bausum, Jacob/Weiß, Wilma/Schmid, Marc (Hg.) (2013): Traumapädagogische Standards in der stationären Kinder- und Jugendhilfe: Eine Praxis- und Orientierungshilfe der BAG Traumapädagogik. Weinheim Basel: Beltz Juventa.

Leichsenring, Falk (Hg.) (2006): Vertiefungsband psychoanalytische und tiefenpsychologisch fundierte Therapie. 3. Auflage München: CIP-Medien. (= Lehrbuch der Psychotherapie zum Psychologischen PsychotherapeutIn und für die ärztliche Weiterbildung; 2).

Melcher, Imke (2013): Franz Alexander und die moderne Psychotherapie. Gießen: Psychosozial-Verlag.

Montessori, Maria (2014): Grundlagen meiner Pädagogik. Und weitere Aufsätze zur Anthropologie und Didaktik. 12., unveränd. Auflage. Wiebelsheim: Quelle & Meyer.

Montessori, Maria/Ludwig, Harald/Montessori, Maria (2017): Durch das Kind zu einer neuen Welt. 2., korrigierte Auflage. Freiburg, Basel, Wien: Herder. (Gesammelte Werke Maria Montessori. Association Montessori Internationale [AMI]; Band 15).

Neill, Alexander Sutherland (2014): Theorie und Praxis der antiautoritären Erziehung: das Beispiel Summerhill. 50. Auflage. Reinbek bei Hamburg: Rowohlt Taschenbuch Verlag.

Nienstedt, Monika/Westermann, Arnim (1989): Pflegekinder. Psychologische Beiträge zur Sozialisation von Kindern in Ersatzfamilien. 1. Auflage. Münster: Votum.

Nienstedt, Monika/Westermann, Arnim (2007): Pflegekinder und ihre Entwicklungschancen nach frühen traumatischen Erfahrungen. 1. Auflage. Stuttgart: Klett-Cotta.

Nienstedt, Monika (1998): Zur Verarbeitung traumatischer Erfahrungen: Einfühlendes Verstehen im Umgang mit Anpassung, Übertragung und Regression. In: Stiftung zum Wohl des Pflegekindes (Hg.): 1. Jahrbuch des Pflegekinderwesens. Schwerpunktthema: Traumatisierte Kinder. 5., überarbeitete Auflage 2008. Idstein: Schulz-Kirchner.

Salgo, Ludwig (2012): „Erwartungen an Kinder sind zu hoch“. In: https://www.fr.de. Online unter: https://www.fr.de/frankfurt/erwartungen-kinder-sind-hoch-11716222.html.

Saroka, Christina (2014): Verstehensorientierte Diagnostik: Paul Moors Heilpädagogik als Ausgangspunkt für die Diagnostik mit erwachsenen behinderten Menschen. Berlin: BHP-Verlag (= bhp Grundlagen).

Scheiwe, Kirsten et al. (2016): Pflegefamilien als soziale Familien, ihre rechtliche Anerkennung und aktuelle Herausforderungen. S. 58.

Schultz-Venrath, Ulrich/Diez Grieser, Maria Teresa/Müller, Roland (2019): Mentalisieren mit Kindern und Jugendlichen. 2. Auflage 2019. Stuttgart: Klett-Cotta.

Stangl, Werner: Angstabwehrmechanismen. Online unter: https://psychologie-news.stangl.eu/159/angstabwehrmechanismen.

Struck, Norbert: Verstehen und Wissen in den Erziehungshilfen. In: np neue praxis, Fachzeitschrift für Sozialarbeit und Sozialpädagogik. Nr. 6, 2014. S. 578ff.

Taubner, Svenja (2015): Konzept Mentalisieren: Eine Einführung in Forschung und Praxis. Gießen: Psychosozial-Verlag.

Thomsen, Annika/Michalowski, Gisela/Landeck, Gerhild/Lepke, Katrin (2018): FASD – Fetale Alkoholspektrumstörungen: Auf was ist im Umgang mit Menschen mit FASD zu achten? Ein Ratgeber. 3. überarbeitete Auflage 2018. Idstein: Schulz-Kirchner.

Van der Kolk, Bessel A. (2018): Verkörperter Schrecken: Traumaspuren in Gehirn, Geist und Körper und wie man sie heilen kann. 5. Auflage. Lichtenau/Westfalen: G.P. Probst Verlag.

Weiß, Wilma/Kessler, Tanja/Gahleitner, Silke Birgitta (Hg.) (2016): Handbuch Traumapädagogik. Weinheim Basel: Beltz.

Zenz, Gisela (2005): Aktuelle Erkenntnisse der Bindungs- und Traumaforschung und ihre Bedeutung für die Fremdunterbringung. Referat von für ein Seminar der Stiftung zum Wohl des Pflegekindes am 9. April 2005 in Renchen bei Offenburg. Online unter: www.stiftung-pflegekind.de/literatur/eigene-publikationen/

Zitelmann, Maud (2016): Pflegekindschaft als Chance für traumatisierte Kinder. In: Weiß, Wilma/Kessler, Tanja/Gahleitner, Silke Birgitta (Hg.). Handbuch Traumapädagogik. Weinheim: Julius Beltz Verlag.

Unterstützer

Pädagogische Dienste
Ambulant GmbH

Dieses Buch wurde inhaltlich unterstützt durch die Pädagogischen Dienste Ambulant GmbH:

Michael Greiwe, Geschäftsführer

www.PaedagogischeDienste.de

IAP Institut für Adoptiv- und Pflegefamilien
Ambulante Erziehungshilfen

Dieses Buch wurde inhaltlich unterstützt durch das Beratungs- und Referententeam im Institut für Adoptiv- und Pflegefamilien:

Jutta Hardenberg, Diplom-Sozialpädagogin
Doris Buitinck, Diplom-Sozialpädagogin
Patrick Werth, Staatlich anerkannter Heilpädagoge B.A./M.A., Lehrbeauftrager, Doktorand

www.iap-münster.de